Unternehmen und Wirtschaft

Kuhner · Hitz · Sabiwalsky · Drefahl

# Studie Managergehälter 2014

Vorstandsvergütung deutscher börsennotierter Aktiengesellschaften

- Analyse
- Entwicklung
- Transparenz

Bundesanzeiger Verlag

Studie **Managergehälter 2014**

# Studie
# Managergehälter 2014

Vorstandsvergütung deutscher
börsennotierter Aktiengesellschaften

- Analyse
- Entwicklung
- Transparenz

von **Prof. Dr. Christoph Kuhner**, **Prof. Dr. Jörg-Markus Hitz**,
**Dr. Ralf Sabiwalsky** und **Christian Drefahl**

**Bundesanzeiger Verlag**

**Bibliografische Information der Deutschen Nationalbibliothek**
Die Deutsche Nationalbibliothek verzeichnet diese Publikation in der Deutschen Nationalbibliografie; detaillierte bibliografische Daten sind im Internet über http://dnb.d-nb.de abrufbar.

ISBN (Print): 978-3-8462-0408-5

© 2015 Bundesanzeiger Verlag GmbH, Köln

Alle Rechte vorbehalten. Das Werk einschließlich seiner Teile ist urheberrechtlich geschützt. Jede Verwertung außerhalb der Grenzen des Urheberrechtsgesetzes bedarf der vorherigen Zustimmung des Verlags. Dies gilt auch für die fotomechanische Vervielfältigung (Fotokopie/Mikrokopie) und die Einspeicherung und Verarbeitung in elektronischen Systemen. Hinsichtlich der in diesem Werk ggf. enthaltenen Texte von Normen weisen wir darauf hin, dass rechtsverbindlich allein die amtlich verkündeten Texte sind.

Printed in Germany

# Vorwort des Verlags

Die leistungsangemessene Vergütung von Spitzenmanagern bleibt auch sechs Jahre nach Ausbruch der globalen Finanzmarktkrise nach wie vor Gegenstand einer regen Debatte. Trotz bereits getroffener Regulierungsmaßnahmen wie dem Gesetz zur Angemessenheit der Vorstandsvergütung (VorstAG) ist die Diskussion bislang nicht abgeschlossen. Mitgliedern von Vorstand und Geschäftsführung, aber vorwiegend auch Aufsichtsräten bietet die aktuelle Studie einen umfassenden Überblick über die derzeit übliche Vergütungspraxis. Der Gesetzgeber kann anhand der erhobenen Daten die Auswirkungen seiner bisherigen Regulierungsmaßnahmen überprüfen. Dabei geht die Studie in Breite, Umfang und Detaillierungsgrad der ausgewerteten Daten über vergleichbare Studien im deutschen Raum weit hinaus.

Die Studie „Managergehälter 2014" analysiert sowohl Höhe als auch Zusammensetzung von Vergütungspaketen der Vorstände und Vorstandsvorsitzenden in Unternehmen, die im Prime Standard der Deutschen Börse AG gelistet sind, und untersucht die Entwicklung gegenüber den Vorjahren seit 2009. Zum einen wird die durchschnittlich gewährte Vorstandsvergütung bezüglich ihrer Gesamthöhe, aber auch hinsichtlich ihrer Zusammensetzung aus Fixgehalt, Bonus und aktienbasierten Anreizkomponenten, untersucht. Zum anderen beleuchtet die Studie den Zusammenhang zwischen Vergütungshöhe und Unternehmenserfolg. Auch hierbei werden fixe und leistungsabhängige Vergütungskomponenten berücksichtigt.

Durch den Einblick in verschiedene Wirtschaftssegmente und deren Vergütungsusancen bietet sich die Möglichkeit, die eigene Vergütungspolitik daran auszurichten oder sie für Benchmark-Analysen zu verwenden.

Die Studie wurde unter folgender wissenschaftlicher Leitung erstellt:

Prof. Dr. Christoph Kuhner
Dipl.-Kfm. Christian Drefahl
Seminar für Allgemeine Betriebswirtschaftslehre und für Wirtschaftsprüfung
Universität zu Köln

Prof. Dr. Jörg-Markus Hitz
Professur für Rechnungslegung und Wirtschaftsprüfung
Georg-August-Universität Göttingen

Dr. Ralf Sabiwalsky
Walldorf

# Inhalt

**Tabellenverzeichnis** .................................................................................................. 9

**Abbildungsverzeichnis** ............................................................................................ 12

**I. Einleitung** ........................................................................................................... 14

**II. Publizität von Managergehältern: Geltendes Recht und ökonomischer Befund** ... 17

    1. Grundzüge der Offenlegung der Höhe der Vergütung für Vorstandsmitglieder .......... 17

    2. Der Rechtsrahmen des deutschen Aktiengesetzes zur Gestaltung von Zusammensetzung und Höhe der Vorstandsvergütung ............................................ 19

        2.1. Geltendes Recht für Altverträge bis zum August 2009 ................................. 19

        2.2. Geltendes Recht für Neuverträge nach dem Gesetz zur Angemessenheit der Vorstandsvergütung (VorstAG) vom 31. Juli 2009 ........................................... 21

        2.3. Ausblick ........................................................................................................ 27

    3. Die rechtlich relevanten Erfolgsindikatoren und ihre Problematik aus betriebswirtschaftlicher Sicht ........................................................................................ 29

    4. Managemententlohnung in der ökonomischen Theorie ............................................ 31

    5. Ökonomische Zwecksetzung der gesetzlichen Vergütungskomponenten ................ 33

**III. Datengrundlage und Methodik der Untersuchung** .......................................... 35

    1. Stichprobe .................................................................................................................. 35

    2. Auswertung der Vergütungsberichte ......................................................................... 37

**IV. Vorstandsvergütung 2012: Bestandsaufnahme** ............................................. 39

    1. Vorgehensweise ........................................................................................................ 39

    2. Indexbetrachtung ....................................................................................................... 40

    3. Branchenbetrachtung ................................................................................................ 44

    4. Unternehmensgröße (Bilanzsumme) ......................................................................... 48

    5. Vorstandsgröße ......................................................................................................... 50

    6. Region ....................................................................................................................... 52

**V. Entwicklung der Vorstandsvergütung im Zeitablauf (2008-2012)** ................. 55

    1. Gesamtbetrachtung ................................................................................................... 55

    2. Indexbetrachtung ....................................................................................................... 58

    3. Branche ..................................................................................................................... 62

    4. Bilanzsumme ............................................................................................................. 70

**VI. Vorstandsvergütung und Unternehmenserfolg** ................................................................ **74**

   1. Bisheriges Schrifttum ................................................................................................ 74

   2. Zusammenhang zwischen Unternehmensperformance und Vergütungshöhe ........... 75

      2.1. Messung der Unternehmensperformance ............................................... 75

      2.2. Jahresüberschuss..................................................................................... 76

      2.3. Eigenkapitalrendite .................................................................................. 80

      2.4. Aktienrendite............................................................................................. 84

   3. Dynamische Betrachtung: Zusammenhang zwischen der Veränderung wesentlicher Maße der Unternehmensperformance und der Veränderung der Vergütungshöhe ... 89

      3.1. Vorgehensweise ....................................................................................... 89

      3.2. Jahresüberschuss..................................................................................... 90

      3.3. Eigenkapitalrendite .................................................................................. 93

      3.4. Aktienrendite............................................................................................. 96

**VII. Zusammenfassung und Ausblick** ................................................................................... **98**

**VIII. Literaturverzeichnis** ........................................................................................................ **101**

## Tabellenverzeichnis

Tabelle 1: Stichprobe der untersuchten Vergütungsberichte – Indexbetrachtung ..................36

Tabelle 2: Stichprobe der untersuchten Vergütungsberichte – Branchenbetrachtung ...........36

Tabelle 3: Durchschnittliche Vergütung von regulären Vorstandsmitgliedern 2013 – Indexbetrachtung .................................................................................................................40

Tabelle 4: Durchschnittliche Vergütung von Vorstandsvorsitzenden 2013 – Indexbetrachtung .................................................................................................................41

Tabelle 5: Verhältnis variabler Vergütungsbestandteile zur Gesamtvergütung 2013 – Indexbetrachtung .................................................................................................................42

Tabelle 6: Durchschnittliche Vergütung von regulären Vorstandsmitgliedern 2013 – Branchenbetrachtung ..........................................................................................................44

Tabelle 7: Vergütung von Vorstandsvorsitzenden 2013 – Branchenbetrachtung .................45

Tabelle 8: Verhältnis variabler Vergütungsbestandteile zur Gesamtvergütung 2013 – Branchenbetrachtung ..........................................................................................................46

Tabelle 9: Durchschnittliche Vergütung von regulären Vorstandsmitgliedern 2013 – gestaffelt nach Unternehmensgröße .....................................................................................48

Tabelle 10: Durchschnittliche Vergütung von Vorstandsvorsitzenden 2013 – gestaffelt nach Unternehmensgröße .....................................................................................49

Tabelle 11: Durchschnittliche Vergütung von regulären Vorstandsmitgliedern 2013 – gestaffelt nach Anzahl der Vorstandsmitglieder ...................................................................51

Tabelle 12: Durchschnittliche Vergütung von Vorstandsvorsitzenden 2013 – gestaffelt nach Anzahl der Vorstandsmitglieder ...................................................................51

Tabelle 13: Durchschnittliche Vergütung von regulären Vorstandsmitgliedern 2013 – gestaffelt nach Regionen in Deutschland .............................................................................52

Tabelle 14: Vergütung von Vorstandsvorsitzenden 2013 – gestaffelt nach Regionen in Deutschland .........................................................................................................................53

Tabelle 15: Durchschnittliche Vergütung und Unternehmenserfolg im Zeitvergleich – Gesamtstichprobe (alle Unternehmen, für die in allen fünf Jahren Daten zur Verfügung stehen) .................................................................................................................................55

Tabelle 16: Durchschnittliche Gesamtvergütung der regulären Vorstandsmitglieder im Zeitvergleich – Indexbetrachtung ........................................................................................58

Tabelle 17: Durchschnittliche Gesamtvergütung der Vorstandsvorsitzenden im Zeitvergleich – Indexbetrachtung ........................................................................................58

Tabelle 18: Durchschnittliches Fixgehalt der regulären Vorstandsmitglieder im Zeitvergleich – Indexbetrachtung ........................................................................................59

Tabelle 19: Durchschnittliches Fixgehalt der Vorstandsvorsitzenden im Zeitvergleich – Indexbetrachtung ....................59

Tabelle 20: Durchschnittlicher Bonus der regulären Vorstandsmitglieder im Zeitvergleich – Indexbetrachtung ....................60

Tabelle 21: Durchschnittlicher Bonus der Vorstandsvorsitzenden im Zeitvergleich – Indexbetrachtung ....................60

Tabelle 22: Durchschnittliche aktienbasierte Vergütungsbestandteile der regulären Vorstandsmitglieder im Zeitvergleich – Indexbetrachtung ....................61

Tabelle 23: Durchschnittliche aktienbasierte Vergütungsbestandteile der Vorstandsvorsitzenden im Zeitvergleich – Indexbetrachtung ....................61

Tabelle 24: Durchschnittliche Gesamtvergütung der regulären Vorstandsmitglieder im Zeitvergleich – Branchenbetrachtung ....................62

Tabelle 25: Durchschnittliche Gesamtvergütung der Vorstandsvorsitzenden im Zeitvergleich – Branchenbetrachtung ....................63

Tabelle 26: Durchschnittliches Fixgehalt der regulären Vorstandsmitglieder im Zeitvergleich – Branchenbetrachtung ....................64

Tabelle 27: Durchschnittliches Fixgehalt der Vorstandsvorsitzenden im Zeitvergleich – Branchenbetrachtung ....................65

Tabelle 28: Durchschnittlicher Bonus der regulären Vorstandsmitglieder im Zeitvergleich – Branchenbetrachtung ....................66

Tabelle 29: Durchschnittlicher Bonus der Vorstandsvorsitzenden im Zeitvergleich – Branchenbetrachtung ....................67

Tabelle 30: Durchschnittliche aktienbasierte Vergütungsbestandteile der regulären Vorstandsmitglieder im Zeitvergleich – Branchenbetrachtung ....................68

Tabelle 31: Durchschnittliche aktienbasierte Vergütungsbestandteile der Vorstandsvorsitzenden im Zeitvergleich – Branchenbetrachtung ....................69

Tabelle 32: Durchschnittliche Gesamtvergütung der regulären Vorstandsmitglieder im Zeitvergleich – Größenbetrachtung ....................70

Tabelle 33: Durchschnittliche Gesamtvergütung der Vorstandsvorsitzenden im Zeitvergleich – Größenbetrachtung ....................70

Tabelle 34: Durchschnittliches Fixgehalt der regulären Vorstandsmitglieder im Zeitvergleich – Größenbetrachtung ....................71

Tabelle 35: Durchschnittliches Fixgehalt der Vorstandsvorsitzenden im Zeitvergleich – Größenbetrachtung ....................71

Tabelle 36: Durchschnittlicher Bonus der regulären Vorstandsmitglieder im Zeitvergleich – Größenbetrachtung ....................72

Tabelle 37: Durchschnittlicher Bonus der Vorstandsvorsitzenden im Zeitvergleich – Größenbetrachtung .................................................................................................. 72

Tabelle 38: Durchschnittliche aktienbasierte Vergütungsbestandteile der regulären Vorstandsmitglieder im Zeitvergleich – Größenbetrachtung ................................................ 73

Tabelle 39: Durchschnittliche aktienbasierte Vergütungsbestandteile der Vorstandsvorsitzenden im Zeitvergleich – Größenbetrachtung............................................. 73

Tabelle 40: Durchschnittliche Vergütung von regulären Vorstandsmitgliedern 2013 – nach Jahresüberschuss des Unternehmens.................................................................. 76

Tabelle 41: Vergütung von Vorstandsvorsitzenden 2013 (in Tsd. €) – nach Jahresüberschuss (in Mio. €) des Unternehmens................................................................... 78

Tabelle 42: Durchschnittliche Vergütung von regulären Vorstandsmitgliedern 2013 – nach Eigenkapitalrendite des Unternehmens ................................................................. 80

Tabelle 43: Vergütung von Vorstandsvorsitzenden 2013 – nach Eigenkapitalrendite des Unternehmens................................................................................................ 82

Tabelle 44: Durchschnittliche Vergütung von regulären Vorstandsmitgliedern 2013 – nach Aktienrendite des Unternehmens............................................................................ 84

Tabelle 45: Vergütung von Vorstandsvorsitzenden 2013 – Betrachtung nach Aktienrendite des Unternehmens .................................................................................... 87

Tabelle 46: Zuwachs einzelner Vergütungsbestandteile in Prozent, reguläre Vorstandsmitglieder – nach Gewinnwachstum ................................................................. 90

Tabelle 47: Zuwachs einzelner Vergütungsbestandteile in Prozent, Vorstandsvorsitzende – nach Gewinnwachstum.................................................................. 91

Tabelle 48: Zuwachs einzelner Vergütungsbestandteile in Prozent, reguläre Vorstandsmitglieder – nach Veränderung der Eigenkapitalrendite........................................ 93

Tabelle 49: Zuwachs einzelner Vergütungsbestandteile in Prozent, Vorstandsvorsitzende – nach Veränderung der Eigenkapitalrendite............................................. 94

Tabelle 50: Zuwachs einzelner Vergütungsbestandteile in Prozent, reguläre Vorstandsmitglieder – nach Veränderung der Aktienrendite................................................. 96

Tabelle 51: Zuwachs einzelner Vergütungsbestandteile in Prozent, Vorstandsvorsitzende – nach Veränderung der Aktienrendite............................................. 97

Inhalt

## Abbildungsverzeichnis

Abbildung 1: Zusammensetzung der Vergütung regulärer Vorstandsmitglieder (in Tsd. €) – Indexbetrachtung..................................................................................41

Abbildung 2: Zusammensetzung der Vergütung der Vorstandsvorsitzenden (in Tsd. €) – Indexbetrachtung..................................................................................42

Abbildung 3: Relative Häufigkeitsverteilung der Höhe der Gesamtvergütung 2013 (in Klassenbreiten von 400 Tsd. €; auf der horizontalen Achse sind die Intervallobergrenzen abgetragen)..................................................................................43

Abbildung 4: Durchschnittliche Gesamtvergütung 2013 (in Tsd. €) – Branchenbetrachtung..................................................................................47

Abbildung 5: Zusammensetzung der durchschnittlichen Vergütung der Vorstandsvorsitzenden (in Tsd. €) – Betrachtung nach Bilanzsumme (in Mio. €)..................50

Abbildung 6: Gesamtvergütung der Vorstandsmitglieder deutscher Unternehmen 2013 (in Tsd. €) – nach Regionen..................................................................................54

Abbildung 7: Bestandteile der Gesamtvergütung der regulären Vorstandsmitglieder im Zeitablauf (in Tsd. €)..................................................................................56

Abbildung 8: Bestandteile der Gesamtvergütung der Vorstandsvorsitzenden im Zeitablauf (in Tsd. €)..................................................................................57

Abbildung 9: Gesamtvergütung (in Tsd. €) nach Jahresüberschuss (in Mio. €) des Unternehmens..................................................................................77

Abbildung 10: Zusammensetzung der Vergütung der regulären Vorstandsmitglieder (in Tsd. €) – Betrachtung nach Jahresüberschuss (in Mio. €) der Unternehmen..................77

Abbildung 11: Zusammensetzung der Vergütung der Vorstandsvorsitzenden (in Tsd. €) – Betrachtung nach Jahresüberschuss (in Mio. €) der Unternehmen..................79

Abbildung 12: Höhe der Gesamtvergütung der Vorstandsmitglieder (in Tsd. €) – Betrachtung nach Eigenkapitalrendite der Unternehmen..................................................81

Abbildung 13: Zusammensetzung der Vergütung der regulären Vorstandsmitglieder (in Tsd. €) – Betrachtung nach Eigenkapitalrendite der Unternehmen..................81

Abbildung 14: Zusammensetzung der Vergütung der Vorstandsvorsitzenden (in Tsd. €) – Betrachtung nach Eigenkapitalrendite der Unternehmen..................83

Abbildung 15: Höhe der Gesamtvergütung der Vorstandsmitglieder (in Tsd. €) – Betrachtung nach Aktienrendite der Unternehmen..................................................85

Abbildung 16: Zusammensetzung der Vergütung der regulären Vorstandsmitglieder (in Tsd. €) – Betrachtung nach Aktienrendite der Unternehmen..................86

Abbildung 17: Zusammensetzung der Vergütung der Vorstandsvorsitzenden (in Tsd. €) – Betrachtung nach Aktienrendite der Unternehmen..................88

Abbildung 18: Veränderung des Bonus (vertikale Achse) – Betrachtung nach Gewinnwachstum ..................................................................................................92

Abbildung 19: Veränderung des Bonus (vertikale Achse) – Betrachtung nach Veränderung der Eigenkapitalrendite ..................................................................95

## I. Einleitung

Gegenstand der vorliegenden, nunmehr im siebten Folgejahr erscheinenden Studie ist die Darstellung und Analyse der Vergütungspraxis von Vorständen börsennotierter Gesellschaften in Deutschland. Die leistungsangemessene Vergütung von Spitzenmanagern, insbesondere der Vorstandsmitglieder von Publikumsgesellschaften, bleibt Gegenstand einer anhaltenden Debatte.[1] Diese hat in der jüngeren Vergangenheit Nahrung durch die globale Finanzkrise erhalten, in deren Ursachenanalyse bestehende leistungsabhängige Vergütungspraktiken insbesondere im Hinblick auf die kurzfristige Ausrichtung der Erfolgsziele kritisiert worden sind. In der Folge kam es 2009 in Deutschland zur umfassenderen Regulierung der Ausgestaltung der Vorstandsvergütung durch das Gesetz zur Angemessenheit der Vorstandsvergütung (VorstAG). Dieses schreibt unter anderem eine langfristigere Incentivierung von Top-Managern vor, stellt aber auch mit der Orientierung an der „üblichen" Vergütung Aufsichtsräte vor neue Herausforderungen bei der Konzipierung von Vergütungsverträgen, eingerahmt in markant verschärfte Haftungsregelungen.

Die Diskussion angemessener Vergütungssysteme transzendiert dabei regelmäßig rein ökonomische Wertungsmaßstäbe und berührt Fragestellungen der Unternehmensethik und verschiedene Auffassungen von Fairness oder Gerechtigkeit. Ein Reflex auf diese Debatte ist die politisch wie ökonomisch kontroverse Forderung nach Transparenz der Managemententlohnung, in deren Folge die individualisierte Offenlegung der Vorstandsbezüge als so verstandener Maßstab „guter Unternehmensführung" in den *Deutschen Corporate Governance Kodex* Eingang fand. Die überwiegende Nicht-Erfüllung dieser freiwilligen Empfehlung indes war dem Gesetzgeber 2005 Anlass, mit der Verabschiedung des Vorstandsvergütungsoffenlegungsgesetzes (VorstOG) die individualisierte Offenlegung der Vorstandsvergütung, differenziert nach fixen und erfolgsabhängigen Bestandteilen („Vergütungsbericht"), grundsätzlich verpflichtend vorzuschreiben.

Die Debatte um den Nutzen einer individualisierten Offenlegung von Vorstandsbezügen darf als nicht abgeschlossen betrachtet werden. Einerseits soll die detaillierte Berichterstattung über Struktur und Höhe der Vergütungskomponenten der Entscheidungsträger im Unternehmen Kapitalgebern im Sinne der Rechenschaft ermöglichen, die Managementleistung präziser zu beurteilen und zu kontrollieren. Kritiker bezweifeln indes den Informationswert der Angaben und führen ökonomische Argumente sowie Persönlichkeitsrechte gegen die in-

---

[1] Für eine aktuelle Bestandsaufnahme und Würdigung aus ökonomischer Sicht siehe Maug/Albrecht (2011).

# I. Einleitung

dividualisierte Vergütungspublizität ins Feld.[2] Diese Kontroverse ist nicht Gegenstand der vorliegenden Studie, die eine umfassende Bestandsaufnahme der durch das VorstOG bereitgestellten Daten vornimmt. Mit der Veröffentlichung der Jahres- und Konzernabschlüsse für das Geschäftsjahr 2013 liegen inzwischen acht Datensätze gemäß der ab 2006 wirksamen Regelung vor, die somit detailliert Auskunft geben über die individuelle Vergütungsentwicklung von Managergehältern in deutschen Publikumsgesellschaften.

Ziel der vorliegenden Studie ist es, einen umfassenden, differenzierten Überblick über die Praxis der Vorstandsvergütung in Deutschland und deren Entwicklung im Zeitablauf zu geben, die Bestimmungsfaktoren dieser Managemententlohnung zu identifizieren und anhand eines Vergleichs mit Maßstäben der Unternehmensperformance Aufschlüsse über den Zusammenhang von Managervergütung und Managerleistung zu gewinnen. Zu diesem Zwecke wurden die Vergütungsberichte für die vergangenen fünf Geschäftsjahre (2009 bis 2013) der im Prime Standard der Frankfurter Wertpapierbörse notierten Gesellschaften einer differenzierten Analyse unterzogen. Im Einzelnen wurden hierbei die folgenden Fragen untersucht:

(1) Wie setzen sich die Vergütungspakete der Vorstände börsennotierter Kapitalgesellschaften 2013 zusammen, im Hinblick auf die Vergütungshöhe, den Anteil erfolgsabhängiger Komponenten und den Zuschlag für den Vorstandsvorsitz?

(2) Inwiefern variiert die Höhe und Zusammensetzung der Vergütungspakete in Abhängigkeit von der Unternehmensgröße, der Zugehörigkeit zu einem Auswahlindex, der Branche und dem Unternehmensstandort?

(3) Wie haben sich Höhe und Zusammensetzung der Vergütungspakete in den vergangenen Jahren entwickelt? Inwiefern hat die jüngere Regulierung durch das VorstAG Spuren in den Entlohnungspraktiken hinterlassen?

(4) Inwieweit sind die Höhe der Vergütung bzw. deren erfolgsabhängige Bestandteile mit Maßstäben der Unternehmensperformance assoziiert? Werden Vorstände demnach am Unternehmenserfolg gemessen?

Diese Fragestellungen werden in einer Querschnittsanalyse sämtlicher Unternehmen behandelt. Branchen-, börsenindex- und größenspezifische Detailbetrachtungen geben zusätzlich einen detaillierten Einblick in einzelne Wirtschaftssegmente und deren Vergütungsgepflogenheiten. Der Nutzen dieser Analysen liegt somit zum einen in der differenzierten Auswertung der Zusammensetzung der Vergütungspakete der Manager deutscher börsennotier-

---

[2] Lediglich exemplarisch für ein ökonomisches Argument seien die Modellergebnisse von Göx/Heller (2008) angeführt, die zeigen, dass die Individualveröffentlichungspflicht insgesamt zu einem (unerwünschten) Anstieg des Vergütungsniveaus führen kann, wenn Unternehmen sich in ihrer Vergütungspolitik an der durchschnittlichen Entlohnung von Referenzgruppen orientieren.

# I. Einleitung

ter Kapitalgesellschaften, etwa als Maßstab der Vergütungspolitik oder zur Verwendung als Benchmark. Zum anderen sollen die Fragestellungen (3) und (4) Aufschluss über Bestimmungsfaktoren der Vergütungshöhe und -zusammensetzung geben, insbesondere im Hinblick auf die Umsetzung und Effektivität erfolgsabhängiger Vergütungsstrukturen.

Die Studie richtet sich somit an eine Vielzahl von Interessenten. Mitglieder von Vorstand und Geschäftsführung können sich über branchenbezogene Usancen in Bezug auf Höhe und Mix der Vergütungspakete informieren. Aufsichtsräte können der mit dem VorstAG gestiegenen Verantwortlichkeit begegnen und aus Querschnitts- und Zeitreihendaten Rückschlüsse auf den Umfang der „üblichen" Vergütung im Rechtssinne gewinnen. Anteilseigner und ihre Vertreter vermögen sich ein Bild über die geltenden Vergütungspraktiken zu verschaffen, etwa um die Qualität der Vergütungsarrangements einzelner Unternehmen zu beurteilen, beispielsweise im Hinblick auf den „say on pay", die mittlerweile weit verbreitete Konsultierung der Aktionäre zur Billigung des Vergütungssystems. Wissenschaftler wie interessierte Behörden und Institutionen finden in der vorliegenden Studie reichhaltiges Datenmaterial für qualitative sowie statistische Analysen vor. Der Gesetzgeber schließlich erhält Zugang zu umfassenden Analysen und Statistiken, welche einen Beitrag zur Evaluierung und Kalibrierung der jüngeren Regelungen zu leisten vermögen.

Die Studie ist wie folgt aufgebaut: In Kapitel II werden die rechtlichen Rahmenbedingungen zur Publizität der Vorstandsvergütung nach dem VorstOG und somit der Inhalt des Vergütungsberichts erläutert sowie die Reglementierung der Vergütungsverträge durch das VorstAG geschildert. Anschließend werden diese Regelungen anhand ökonomisch-theoretischer Maßstäbe reflektiert. Kapitel III gibt einen Überblick über die Stichprobe der untersuchten Unternehmen und schildert die Grundlagen der Erhebung und Auswertung der Vergütungsberichte. Gegenstand des Kapitels IV ist die umfassende Bestandsaufnahme der Vergütungsstrukturen für das Geschäftsjahr 2013. Im folgenden Kapitel V wird die Dynamik der Vorstandsvergütung im Zeitablauf betrachtet und eine Analyse der Vergütungsentwicklung über die vergangenen fünf Geschäftsjahre (2009–2013) vorgenommen. Kapitel VI schließlich widmet sich der Frage des Zusammenhangs von Vorstandsvergütung und Unternehmenserfolg, während Kapitel VII die wesentlichen Befunde der Studie ausblickend zusammenfasst.

## II. Publizität von Managergehältern: Geltendes Recht und ökonomischer Befund

### 1. Grundzüge der Offenlegung der Höhe der Vergütung für Vorstandsmitglieder

Ausgangspunkt der Diskussion einer individualisierten Offenlegung der Vergütung des Topmanagements großer Publikumsgesellschaften war die von mancher Seite als unzureichend empfundene Pflichtpublizität des § 285 Nr. 9 HGB a.F., der für mittelgroße und große Kapitalgesellschaften die aggregierte Offenlegung der Gesamtbezüge von Geschäftsführung und Aufsichtsrat sowie deren früherer Mitglieder und Hinterbliebenen vorsah. Der Auffassung, eine individualisierte Offenlegung dieser Bezüge erleichtere die Leistungsbewertung durch die Kapitalgeber, insbesondere durch die Aktionäre, folgte der Deutsche Corporate Governance Kodex, der diese in der ersten Fassung 2002 zunächst freiwillig befürwortete, seit seiner Revision 2003 indes pflichtgemäß vorsah.[3] Der durch das Transparenz- und Publizitätsgesetz in das Aktienrecht aufgenommene § 161 AktG verpflichtet Vorstand und Aufsichtsrat einer börsennotierten Aktiengesellschaft zur Abgabe einer Entsprechenserklärung, aus der hervorgeht, welche Empfehlungen des Corporate Governance Kodex angewendet werden und welche nicht („comply or explain").

Da indes eine große Anzahl börsennotierter Aktiengesellschaften der Empfehlung einer individualisierten Offenlegung insbesondere der Vorstandsgehälter nicht folgte, griff der Gesetzgeber regulierend ein und verabschiedete im August 2005 das Vorstandsvergütungs-Offenlegungsgesetz (VorstOG) (BGBl. I Nr. 47, S. 2267).[4] Kern dieser Regelung ist die Neufassung der §§ 285 Nr. 9a), 314 Abs. 1 Nr. 6a) HGB im Hinblick auf die Verpflichtung zur individualisierten Offenlegung der Gesamtbezüge. Nach S. 5 haben börsennotierte Aktiengesellschaften zusätzlich zur aggregierten Offenlegung „unter Namensnennung die Bezüge jedes einzelnen Vorstandsmitglieds, aufgeteilt nach erfolgsunabhängigen und erfolgsbezogenen Komponenten sowie Komponenten mit langfristiger Anreizwirkung, gesondert anzugeben".

Nach §§ 285 Nr. 9a) Satz 6, 7 bzw. 314 Abs. 1 Nr. 6a) Satz 6, 7 HGB sind im Falle der Beendigung der Vorstandstätigkeit weitere Leistungen offenzulegen. Im Rahmen des am 4. Au-

---

[3] „Die Vergütung der Vorstandsmitglieder soll im Anhang des Konzernabschlusses aufgeteilt nach Fixum, erfolgsbezogenen Komponenten und Komponenten mit langfristiger Anreizwirkung ausgewiesen werden. Die Angaben sollten individualisiert erfolgen." (Abs. 4.2.4 des DCGK vom 26.2.2002). Aus dem „sollten" wurden in der Fassung vom 21.05.2003 ein „sollen" (Abs. 4.2.4). Die verschiedenen Fassungen des DCGK können abgerufen werden unter: http://www.corporate-governance-code.de.

[4] Für einen Überblick zum VorstOG vgl. z.B. Fleischer (2005), kritisch Menke/Porsch (2004).

gust 2009 veröffentlichten Vorstandsvergütungsangemessenheitsgesetz (VorstAG) (BGBl. I Nr. 50, S. 2509 ff.) wurde diese Regelung mit Verbindlichkeit für folgende Abschlüsse weiter ausdifferenziert: Zusätzliche Informationspflichten beziehen sich auf die reguläre bzw. vorzeitige Beendigung der Vorstandstätigkeit, auf die Angabe des Barwertes der Leistungen sowie der jährlichen Zuführungen zu Rückstellungen bei regulärer Beendigung (§ 285 Nr. 9a) S. 6 HGB) und weiter auf Änderungen dieser Zusagen sowie Leistungen für frühere Vorstandsmitglieder bei Beendigung ihrer Tätigkeit im abgelaufenen Jahr. Diese Angaben können alternativ auch im Lagebericht erfolgen, der nach §§ 289 Abs. 2 Nr. 5, 315 Abs. 2 Nr. 4 HGB über die Grundzüge des Vergütungssystems zu berichten hat.

Von einer konsequenten Umsetzung der individualisierten Vergütungspublizität hat der Gesetzgeber letztendlich abgesehen: §§ 286 Abs. 5, 314 Abs. 2 S. 2 HGB räumen der Hauptversammlung die Möglichkeit des sogenannten „opt out" ein, indem mit einer Mehrheit von mindestens drei Vierteln des bei der Beschlussfassung vertretenen Grundkapitals die Aussetzung der Publizität nach §§ 285 Nr. 9a) S. 5–9, 314 Abs. 1 Nr. 6a) S. 5–9 HGB für jeweils fünf Jahre beschlossen werden kann. Unternehmen, die von dieser Regelung Gebrauch machen, haben demnach nur den Publizitätsvorschriften des alten Rechts zu folgen und lediglich über die Summe der Bezüge auf Vorstandsebene Auskunft zu geben.

Die verschärften Regelungen zur Offenlegung der Vorstandsvergütung sind nach Art. 59 EGHGB erstmalig auf Jahres- und Konzernabschlüsse für nach dem 31.12.2005 beginnende Geschäftsjahre anzuwenden.

Der Gesetzesregelung folgend, sind für jedes Vorstandsmitglied zumindest drei Vergütungskomponenten getrennt auszuweisen: Erfolgsunabhängige Bezüge, erfolgsbezogene Komponenten (sogenannte „Boni") sowie Komponenten mit langfristiger Anreizwirkung. Zum Fixgehalt werden typischerweise Nebenleistungen gezählt, etwa in Form von Prämien für eine Vorstandshaftpflichtversicherung. Die erfolgsbezogenen Komponenten stellen variable Vergütungsbestandteile dar, die nach der Leistung in der vergangenen Periode bemessen werden. In ihrem kurz- bzw. mittelfristigen Zeithorizont unterscheiden diese sich insofern von den Komponenten mit langfristiger Anreizwirkung. Hierunter fallen vor allem sämtliche Formen der aktienkursorientierten Vergütung. Nach § 285 S. 1 Nr. 9a) S. 4 HGB ist jeweils die Anzahl der in der Berichtsperiode eingeräumten Aktienoptionen sowie deren Zeitwerte zu berichten.[5]

---

[5] Nicht zu publizieren sind demnach im Berichtsjahr bereits bestehende, ausgeübte oder verfallene Bezugsrechte. Vgl. Hennke/Fett (2007).

## 2. Der Rechtsrahmen des deutschen Aktiengesetzes zur Gestaltung von Zusammensetzung und Höhe der Vorstandsvergütung

Mit dem erwähnten Vorstandsvergütungsangemessenheitsgesetz (VorstAG), das zum August 2009 in Kraft getreten ist, wurden die gesetzlichen Voraussetzungen der Managementkompensation in Deutschland grundlegend reformiert. Gleichwohl wurde ein Teil der Vergütungsverträge, die der vorliegenden Untersuchung zugrunde liegen, noch unter dem Regime der alten Rechtslage entworfen.[6] Von daher ist es geboten, vor der Schilderung der neuen Rechtslage zunächst auf die bis August 2009 gültige Regelung einzugehen.

### 2.1. Geltendes Recht für Altverträge bis zum August 2009

Im Aktiengesetz besteht mit § 87 eine Grundsatzregelung zur Vergütung von Vorstandsmitgliedern. In der bis zur jüngsten Änderung im August 2009 gültigen Fassung (a. F.) heißt es in Abs. 1:

> „Der Aufsichtsrat hat bei der Festsetzung der Gesamtbezüge des einzelnen Vorstandsmitglieds (Gehalt, Gewinnbeteiligungen, Aufwandsentschädigungen, Versicherungsentgelte, Provisionen und Nebenleistungen jeder Art) dafür zu sorgen, daß die Gesamtbezüge in einem angemessenen Verhältnis zu den Aufgaben des Vorstandsmitglieds und zur Lage der Gesellschaft stehen. Dies gilt sinngemäß für Ruhegehalt, Hinterbliebenenbezüge und Leistungen verwandter Art."

Diese recht allgemein gehaltene Regelung, aus der lediglich die Differenzierungsnotwendigkeit der Vergütungen nach dem Aufgabenbereich des einzelnen Vorstands sowie nach der Lage der Gesellschaft im Sinne der Angemessenheit hervorgeht, wurde flankiert durch detaillierte Ausführungen im Deutschen Corporate Governance Kodex (Rz. 4.2.2.- 4.2.4.) in der Version vom 8. Juni 2008,[7] welche nicht nur eine Operationalisierung des Kriteriums der Angemessenheit vornahmen, sondern auch konkrete Vorgaben zum Umfang und der Ausgestaltung erfolgsabhängiger Vergütungskomponenten unterbreiteten:

> „4.2.2 Das Aufsichtsratsplenum soll auf Vorschlag des Gremiums, das die Vorstandsverträge behandelt, das Vergütungssystem für den Vorstand einschließlich der wesentlichen Vertragselemente beschließen und soll es regelmäßig überprüfen.

---

[6] Es ist davon auszugehen, dass zum Ende des Geschäftsjahres 2014 sämtliche der untersuchten Unternehmen ihr Vergütungssystem auf das VorstAG umgestellt und ihrem Vorstand Neuverträge bzw. Vertragsverlängerungen angeboten haben.

[7] Die Bestimmungen des Deutschen Corporate Governance Kodex haben bekanntlich Empfehlungscharakter; ihre Befolgung bzw. Nichtbefolgung ist bei börsennotierten Aktiengesellschaften nach § 161 AktG in einer Entsprechenserklärung von Vorstand und Aufsichtsrat offenzulegen. Die verschiedenen, nicht mehr aktuellen Versionen des Deutschen Corporate Governance Kodex sind zugänglich über die Homepage der Regierungskommission: http://www.dcgk.de/de/kodex/archiv.html.

## II. Publizität von Managergehältern: Geltendes Recht und ökonomischer Befund

Die Vergütung der Vorstandsmitglieder wird vom Aufsichtsrat unter Einbeziehung von etwaigen Konzernbezügen in angemessener Höhe auf der Grundlage einer Leistungsbeurteilung festgelegt. Kriterien für die Angemessenheit der Vergütung bilden insbesondere die Aufgaben des jeweiligen Vorstandsmitglieds, seine persönliche Leistung, die Leistung des Vorstands sowie die wirtschaftliche Lage, der Erfolg und die Zukunftsaussichten des Unternehmens unter Berücksichtigung seines Vergleichsumfelds.

4.2.3 Die Gesamtvergütung der Vorstandsmitglieder umfasst die monetären Vergütungsteile, die Versorgungszusagen, die sonstigen Zusagen, insbesondere für den Fall der Beendigung der Tätigkeit, Nebenleistungen jeder Art und Leistungen von Dritten, die im Hinblick auf die Vorstandstätigkeit zugesagt oder im Geschäftsjahr gewährt wurden.

Die monetären Vergütungsteile sollen fixe und variable Bestandteile umfassen. Die variablen Vergütungsteile sollten einmalige sowie jährlich wiederkehrende, an den geschäftlichen Erfolg gebundene Komponenten und auch Komponenten mit langfristiger Anreizwirkung und Risikocharakter enthalten. Sämtliche Vergütungsbestandteile müssen für sich und insgesamt angemessen sein.

Als variable Vergütungskomponenten mit langfristiger Anreizwirkung und Risikocharakter dienen insbesondere Aktien der Gesellschaft mit mehrjähriger Veräußerungssperre, Aktienoptionen oder vergleichbare Gestaltungen (z.B. Phantom Stocks). Aktienoptionen und vergleichbare Gestaltungen sollen auf anspruchsvolle, relevante Vergleichsparameter bezogen sein. Eine nachträgliche Änderung der Erfolgsziele oder der Vergleichsparameter soll ausgeschlossen sein. Für außerordentliche, nicht vorhergesehene Entwicklungen soll der Aufsichtsrat eine Begrenzungsmöglichkeit (Cap) vereinbaren.

Bei Abschluss von Vorstandsverträgen soll darauf geachtet werden, dass Zahlungen an ein Vorstandsmitglied bei vorzeitiger Beendigung der Vorstandstätigkeit ohne wichtigen Grund einschließlich Nebenleistungen den Wert von zwei Jahresvergütungen nicht überschreiten (Abfindungs-Cap) und nicht mehr als die Restlaufzeit des Anstellungsvertrages vergüten. Für die Berechnung des Abfindungs-Caps soll auf die Gesamtvergütung des abgelaufenen Geschäftsjahres und gegebenenfalls auch auf die voraussichtliche Gesamtvergütung für das laufende Geschäftsjahr abgestellt werden.

Eine Zusage für Leistungen aus Anlass der vorzeitigen Beendigung der Vorstandstätigkeit infolge eines Kontrollwechsels (Change of Control) soll 150 % des Abfindungs-Caps nicht übersteigen.

Der Vorsitzende des Aufsichtsrats soll die Hauptversammlung über die Grundzüge des Vergütungssystems und deren Veränderung informieren."

Die Kodex-Regelungen in der Fassung von 2008 sehen also eine weitere Differenzierung, vor allem nach Einzelleistung und Leistung des Gesamtvorstandes sowie nach fixen und variablen Bestandteilen vor, wobei die variablen Bestandteile wiederum unterschieden werden in an den geschäftlichen Erfolg gebundene Komponenten und Komponenten mit langfristiger Anreizwirkung.

## II. Publizität von Managergehältern: Geltendes Recht und ökonomischer Befund

Diese privatautonom generierten Handlungsempfehlungen wurden 2009 in weiten Strecken durch das Gesetz zur Angemessenheit der Vorstandsvergütung (VorstAG) in verbindliches Recht transponiert.

### 2.2. Geltendes Recht für Neuverträge nach dem Gesetz zur Angemessenheit der Vorstandsvergütung (VorstAG) vom 31. Juli 2009

Im Verlauf der letzten Jahre hat die nationale wie auch die internationale Öffentlichkeit zunehmende Sensibilität gegenüber der Frage der Angemessenheit von Vorstandsvergütungen entwickelt. Auslöser waren u. a. eine über Jahrzehnte hinweg beobachtbare, weitere Spreizung im Gehaltsgefüge zwischen Spitzenführungskräften und Beschäftigten nachgeordneter Ebenen, als exorbitant empfundene Kompensationen einzelner Individuen, bedingt durch äußerst aggressive, kapitalmarktorientierte Entlohnungsschemata sowie öffentlich diskutierte, extrem hohe Abfindungen bei vorzeitigem sowie bei regulärem Ausscheiden. Die jahrelang schwelende Kontroverse erfuhr durch manche Erfahrungen der Finanzmarktkrise erneuten Aufwind: Als Mitauslöser der Finanzmarktkrise galten insbesondere erfolgsabhängige Entlohnungsschemata bei Finanzinstituten, die eine starke Anreizwirkung zur kurzfristigen Renditemaximierung unter Eingehung längerfristig wirksamer Risiken induzierten.

Das Gesetz zur Angemessenheit der Vorstandsvergütung (VorstAG) muss in seiner Entstehungsgeschichte und in der Akzentsetzung auf nachhaltig wirksame Kompensationsanreize vor diesem Hintergrund verstanden werden.[8]

Auf der Ebene der Bestimmung des Gesamtniveaus sowie der Einzelkomponenten der Vorstandsbezüge beinhaltet das VorstAG etliche, im Wesentlichen ergänzende, klarstellende und restringierende Regelungen.[9] So lautet der neue § 87 Abs. 1 AktG:

> „Der Aufsichtsrat hat bei der Festsetzung der Gesamtbezüge des einzelnen Vorstandsmitglieds (Gehalt, Gewinnbeteiligungen, Aufwandsentschädigungen, Versicherungsentgelte, Provisionen, anreizorientierte Vergütungszusagen wie zum Beispiel Aktienbezugsrechte und Nebenleistungen jeder Art) dafür zu sorgen, dass diese in einem angemessenen Verhältnis zu den Aufgaben und Leistungen des Vorstandsmitglieds sowie zur Lage der Gesellschaft stehen und die übliche Vergütung nicht ohne besondere Gründe übersteigen. Die Vergütungsstruktur ist bei börsennotierten Gesellschaften auf eine nachhaltige Unternehmensentwicklung auszurichten. Variable Vergütungsbestandteile sollen daher eine mehrjähri-

---

[8] Vgl. hierzu: Bundestagsdrucksache 16/12278 [Gesetzesbegründung zum VorstAG], S. 5. Hitz/Müller-Bloch (2013) zeigen in einer empirischen Studie, dass die Reaktionen des Aktienmarktes auf die Ankündigung und Verabschiedung des VorstAG suggerieren, dass Anteilseigner im Durchschnitt keinen ökonomischen Nutzen in dieser Regulierung und den verbundenen Eingriffen in die künftige Ausgestaltung von Vergütungsverträgen sahen.

[9] Vgl zu einem Überblick zum VorstAG Inwinkl/Schneider (2009); Suchan/Winter (2009); Thüsing (2009).

ge Bemessungsgrundlage haben; für außerordentliche Entwicklungen soll der Aufsichtsrat eine Begrenzungsmöglichkeit vereinbaren. Satz 1 gilt sinngemäß für Ruhegehalt, Hinterbliebenenbezüge und Leistungen verwandter Art."

Weitere Verschärfungen sehen u.a. eine stärkere Reagibilität der Vorstandsvergütungen auf Verschlechterungen der wirtschaftlichen Lage (§ 87 Abs. 2 Satz 1 AktG), einen Selbstbehalt sogenannter D&O-Versicherungen (§ 93 Abs. 2 AktG) sowie eine Schadensersatzhaftung des Aufsichtsrates für das Festsetzen unangemessener Vergütungen (§ 93 AktG) vor. Teil der Neuregelung zur Vorstandsvergütung ist zudem die Verlängerung der Wartefrist für die Ausübung von Mitarbeiter- bzw. Managementaktienoptionen nach § 193 Abs. 2 Nr. 4 AktG.

Diesen Neuregelungen korrespondieren die Empfehlungen 4.2.2., 4.2.3. im geltenden DCGK (Fassung vom 24. Juni 2014):

„4.2.2. Das Aufsichtsratsplenum setzt die jeweilige Gesamtvergütung der einzelnen Vorstandsmitglieder fest. Besteht ein Ausschuss, der die Vorstandsverträge behandelt, unterbreitet er dem Aufsichtsratsplenum seine Vorschläge. Das Aufsichtsratsplenum beschließt das Vergütungssystem für den Vorstand und überprüft es regelmäßig.

Die Gesamtvergütung der einzelnen Vorstandsmitglieder wird vom Aufsichtsratsplenum unter Einbeziehung von etwaigen Konzernbezügen auf der Grundlage einer Leistungsbeurteilung festgelegt. Kriterien für die Angemessenheit der Vergütung bilden sowohl die Aufgaben des einzelnen Vorstandsmitglieds, seine persönliche Leistung, die wirtschaftliche Lage, der Erfolg und die Zukunftsaussichten des Unternehmens als auch die Üblichkeit der Vergütung unter Berücksichtigung des Vergleichsumfelds und der Vergütungsstruktur, die ansonsten in der Gesellschaft gilt. Hierbei soll der Aufsichtsrat das Verhältnis der Vorstandsvergütung zur Vergütung des oberen Führungskreises und der Belegschaft insgesamt auch in der zeitlichen Entwicklung berücksichtigen, wobei der Aufsichtsrat für den Vergleich festlegt, wie der obere Führungskreis und die relevante Belegschaft abzugrenzen sind.

Soweit vom Aufsichtsrat zur Beurteilung der Angemessenheit der Vergütung ein externer Vergütungsexperte hinzugezogen wird, soll auf dessen Unabhängigkeit vom Vorstand bzw. vom Unternehmen geachtet werden.

4.2.3. Die Gesamtvergütung der Vorstandsmitglieder umfasst die monetären Vergütungsteile, die Versorgungszusagen, die sonstigen Zusagen, insbesondere für den Fall der Beendigung der Tätigkeit, Nebenleistungen jeder Art und Leistungen von Dritten, die im Hinblick auf die Vorstandstätigkeit zugesagt oder im Geschäftsjahr gewährt wurden.

Die Vergütungsstruktur ist auf eine nachhaltige Unternehmensentwicklung auszurichten. Die monetären Vergütungsteile sollen fixe und variable Bestandteile umfassen. Der Aufsichtsrat hat dafür zu sorgen, dass variable Vergütungsteile grundsätzlich eine mehrjährige Bemessungsgrundlage haben. Sowohl positiven als auch negativen Entwicklungen soll bei der Ausgestaltung der variablen Vergütungsteile Rechnung getragen werden. Sämtliche Vergütungsteile müssen für sich und insgesamt angemessen sein und dürfen insbesondere nicht zum Eingehen unangemessener Risiken verleiten. Die Vergütung soll insgesamt und hinsichtlich ihrer variablen Vergütungsteile betragsmäßige Höchstgrenzen aufweisen. Die variablen Vergütungsteile sollen auf anspruchsvolle, relevante Vergleichsparameter bezogen sein. Eine nachträgliche Änderung der Erfolgsziele oder der Vergleichsparameter soll ausgeschlossen sein.

Bei Versorgungszusagen soll der Aufsichtsrat das jeweils angestrebte Versorgungsniveau – auch nach der Dauer der Vorstandszugehörigkeit – festlegen und den daraus abgeleiteten jährlichen sowie den langfristigen Aufwand für das Unternehmen berücksichtigen.

Bei Abschluss von Vorstandsverträgen soll darauf geachtet werden, dass Zahlungen an ein Vorstandsmitglied bei vorzeitiger Beendigung der Vorstandstätigkeit einschließlich Nebenleistungen den Wert von zwei Jahresvergütungen nicht überschreiten (Abfindungs-Cap) und nicht mehr als die Restlaufzeit des Anstellungsvertrages vergüten. Wird der Anstellungsvertrag aus einem von dem Vorstandsmitglied zu vertretenden wichtigen Grund beendet, erfolgen keine Zahlungen an das Vorstandsmitglied. Für die Berechnung des Abfindungs-Caps soll auf die Gesamtvergütung des abgelaufenen Geschäftsjahres und gegebenenfalls auch auf die voraussichtliche Gesamtvergütung für das laufende Geschäftsjahr abgestellt werden.

Eine Zusage für Leistungen aus Anlass der vorzeitigen Beendigung der Vorstandstätigkeit infolge eines Kontrollwechsels (Change of Control) soll 150 % des Abfindungs-Caps nicht übersteigen.

Der Vorsitzende des Aufsichtsrats soll die Hauptversammlung einmalig über die Grundzüge des Vergütungssystems und sodann über deren Veränderung informieren."

Hatte die alte Fassung des § 87 Abs. 1 AktG lediglich die *Angemessenheit* der Vorstandsbezüge im Vergleich zu den Aufgaben des Vorstandsmitglieds und zur Lage der Gesellschaft als allgemeine Anforderung dekretiert, so enthält die Neufassung nunmehr weitere Imperative:

(i) Leistungsbezogenheit: „(…) angemessenes Verhältnis zu (…) den Leistungen des Vorstandsmitglieds".

(ii) Üblichkeit: Die übliche Vergütung ist die Höchstgrenze, die nur bei Vorliegen besonderer Gründe überstiegen werden darf.

(iii) Nachhaltigkeit.

An diese Kriterien knüpfen rechtliche und betriebswirtschaftliche Fragestellungen an:[10] So suggeriert der Begriff der *Leistung* eine individuelle Beurteilung der Qualität des Einsatzes des einzelnen Vorstandsmitglieds, um insbesondere Zufallseinflüsse i. S. unternehmensex-

---

[10] Vgl. hierzu insbes. Hohaus/Weber (2009); Thüsing (2009); Suchan/Winter (2009).

terner, durch das Management nicht steuerbarer Faktoren zu eliminieren. Die schwierige Objektivierbarkeit einer derartigen Evaluation liegt auf der Hand[11]; immerhin hat der Gesetzgeber das Leistungskriterium insoweit konkretisiert, als bei außerordentlichen Entwicklungen externer Umfeldfaktoren eine Begrenzungsmöglichkeit für die Höhe der Vergütung vorgesehen werden soll (§ 87 Abs. 1 Satz 3 AktG). Eine Differenzierung zwischen gewöhnlichen und außerordentlichen Entwicklungen wird wiederum nur von unvollkommener Justiziabilität sein.[12]

An den Begriff der *üblichen* Vergütung knüpfen Probleme der Identifikation von Vergleichsobjekten, d.h. der Abgrenzung einer Gruppe vergleichbarer Unternehmen, an (*horizontale Vergleichbarkeit*). Vergleichsdimensionen können insbesondere Größen- und Branchenmerkmale sowie die Komplexität der Geschäftsaktivitäten[13] sein. Der regionale „Vergleichsmarkt" wird durch den Geltungsbereich des Gesetzes umrissen.[14] Der Gesetzgeber[15] und mit ihm der DCGK[16] räumen allerdings auch der vertikalen Vergleichbarkeit, d.h. der Vereinbarkeit des jeweiligen Kompensationspakets mit dem Lohn- und Gehaltsgefüge im Unternehmen, in diesem Zusammenhang Gewicht ein:

> „Dabei soll darauf geachtet werden, dass die Vergütungsstaffelung im Unternehmen beim Vorstand nicht Maß und Bezug zu den Vergütungsgepflogenheiten und dem Vergütungssystem im Unternehmen im Übrigen verliert."[17]

Eine gewisse Konkretisierung erhält die vertikale Vergleichbarkeit durch die neu eingefügte Ziffer 4.2.2. Abs. 2 Satz 2 DCGK (s.o.), wonach die „(…) Vergütung des oberen Führungskreises und der Belegschaft insgesamt auch in der zeitlichen Entwicklung" zu berücksichtigen ist, wobei die Abgrenzung dieser zum Vergleich herangezogenen Personenkreise wiederum der Kompetenz des Aufsichtsrates unterliegt und mithin stark ermessensbehaftet ist.

Probleme der Bestimmung der Üblichkeit in diesem Sinne sind insbesondere dadurch vorgegeben, dass auch in der betriebswirtschaftlichen Forschung kein Konsens über die Angemessenheit unternehmensinterner Entlohnungsstrukturen erkennbar ist.[18] Weitere Auslegungsfragen betreffen die „besonderen Gründe" (§ 87 Abs.1 Satz 1 AktG), die ausnahmsweise eine höhere als die übliche Vergütung rechtfertigen. Zu denken ist hierbei insbesondere an Verträge mit Vorstandsmitgliedern, die – beispielsweise aufgrund ihrer internationalen

---

[11] Vgl. hierzu mit Beispielen Suchan/Winter (2009), S. 2532 f.
[12] Vgl. hierzu mit Handlungsempfehlungen Drefahl (2014), S. 8-11.
[13] Vgl. Bundestagsdrucksache 16/13433 [Bericht des Rechtsausschusses], S. 10.
[14] Vgl. Bundestagsdrucksache 16/13433 [Bericht des Rechtsausschusses], S. 10.
[15] Vgl. Bundestagsdrucksache 16/13433 [Bericht des Rechtsausschusses], S. 10.
[16] DCGK, Abschn. 4.2.2., s.o.
[17] Bundestagsdrucksache 16/13433 [Bericht des Rechtsausschusses], S. 10.
[18] Vgl. hierzu m. w. V. Suchan/Winter (2009), S. 2534 f.

Orientierung – über Opportunitäten verfügen, welche das Maß des Üblichen übersteigen. Dies müsste allerdings im konkreten Fall belegt werden.[19] Bei den größten deutschen Unternehmen scheint sich die Praxis durchzusetzen, sich für Entlohnungszwecke an *peer groups*[20] internationaler Unternehmen zu orientieren.[21] Damit einhergehend scheint nach der herrschenden Meinung der horizontalen Vergleichbarkeit ein Vorrang gegenüber der vertikalen Vergleichbarkeit zu bestehen.[22]

Ein besonderer Akzent der Neuregelungen liegt auf der Gewährleistung von *Nachhaltigkeit*.[23] Ein Konsens über die Auslegung dieses unbestimmten Rechtsbegriffs hat sich in Schrifttum und Rechtsprechung noch nicht herausgebildet; auch die Gesetzesmaterialien liefern hierfür keine eindeutige Richtschnur.[24] Als möglicher kleinster gemeinsamer Nenner dürfte sich allerdings die Sicherung des dauerhaften Bestands und der dauerhaften Rentabilität der Gesellschaft als elementares Postulat aus dem Nachhaltigkeitserfordernis ergeben.[25]

Eng mit dem Nachhaltigkeitsbegriff verbunden, dürfte die Orientierung variabler Vergütungsanteile an einer mehrjährigen Bemessungsperiode wohl die am meisten einschneidende Neuregelung für die Struktur der Vorstandsvergütungen in Neuverträgen unter dem Regime des VorstAG sein. Diese Forderung ist im Gesetz (§ 87 Abs. 1 Satz 3 AktG) als Soll-Regelung formuliert; im Kodex wird daraus eine verbindliche Empfehlung („Der Aufsichtsrat hat dafür zu sorgen, dass variable Vergütungsteile grundsätzlich eine mehrjährige Bemessungsgrundlage haben"), aus der sich bei Nichtbefolgung grundsätzlich eine Auskunftspflicht ergibt. Die Neuregelung impliziert, dass zumindest ein signifikanter Bestandteil der erfolgsabhängigen Entlohnung auf einer mehrjährigen Bemessungsgrundlage aufsetzen soll.[26] Kurzfristig wirkende Anreize in der Managemententlohnung sind durch das Erfordernis der Nachhaltigkeit allerdings nicht völlig ausgeschlossen, wenn die Erreichung kurzfristiger Ziele in Einklang mit langfristigen Strategien steht bzw. Voraussetzung zu deren Umsetzung ist.[27]

---

[19] Vgl. Hohaus/Weber (2009), S. 1516.
[20] Für Studien, die sich mit der Entlohnung anhand von Referenzgruppen (*peer groups*) befassen, vgl. etwa Bizjak/Lemmon/Naveen (2008), S. 152-168; Faulkender/Yang (2010), S. 257-270; Gong/Li/Shin (2011), S. 1007-1043.
[21] Z.B. orientiert sich die Deutsche Bank AG hinsichtlich der langfristigen Bemessungsgrundlage an der Entwicklung der Aktienrenditen einer ausgewählten Referenzgruppe von sechs internationalen Banken; Deutsche Bank AG (2011), Finanzbericht 2010, S. 129.
[22] Vgl. zur Diskussion m.w.V.: Drefahl (2013), S. 114 f.
[23] Vgl. zum Konzept der Nachhaltigkeit im Kontext mit dem Gesetzeswortlaut: Thüsing, (2009), S. 519-521; Wagner (2010), S. 774-779.
[24] Vgl. hierzu: Wagner (2010), S. 774-776.
[25] Vgl. Wagner (2010), S. 776-779.
[26] Kritisch zur steuernden Wirkung mehrjähriger Bemessungsgrundlagen i. S. der Nachhaltigkeit vgl. Dauner-Lieb/von Preen/Simon (2010), S. 378 f.
[27] Vgl. Hohaus/Weber (2009), S. 1517; Lingemann (2009), S. 1919; Thüsing (2009), S. 519.

## II. Publizität von Managergehältern: Geltendes Recht und ökonomischer Befund

Allerdings dürften aus einer derart begründeten Einbeziehung kurzfristig orientierter Bemessungsgrundlagen zusätzliche Dokumentationserfordernisse folgen.

Aus der ebenfalls neu eingeführten, mindestens vierjährigen Sperrfrist für die Ausübung von Aktienoptionen nach § 193 Abs. 2 Satz 4 AktG n. F. dürfte eine analoge Behandlung zumindest für aktienoptionsähnliche Entlohnungsbestandteile (*phantom stocks*) folgen.[28]

Das Postulat, bei variablen Vergütungsanteilen auch negativen Entwicklungen Rechnung zu tragen, ist hingegen im Gesetz nicht explizit enthalten und im Kodex als Soll-Regelung ausgestaltet; bei Nichtbefolgung wird also unmittelbar keine Auskunftspflicht ausgelöst. Eine mittelbare Entlohnungsrelevanz negativer Entwicklungen ist im Gesetz allerdings durch die Soll-Regelung vorgegeben, bei einer Verschlechterung der Unternehmenslage nach § 87 Abs. 2 AktG n. F. die Bezüge des Vorstandes auf ein angemessenes Niveau herabzusenken. Kriterium hierfür ist die *Unbilligkeit* einer Weitergewährung der ursprünglichen Bezüge für die Gesellschaft.[29]

Weiterer Bestandteil der Regelungen zur Vergütungsbemessung ist das in § 120 Abs. 4 AktG kodifizierte, konsultative Votum zum System der Vorstandsvergütung:

> „Die Hauptversammlung der börsennotierten Gesellschaft kann über die Billigung des Systems zur Vergütung der Vorstandsmitglieder beschließen. Der Beschluss begründet weder Rechte noch Pflichten; insbesondere lässt er die Verpflichtungen des Aufsichtsrats nach § 87 unberührt. Der Beschluss ist nicht nach § 243 anfechtbar."

Mit dieser plakativ als „say on pay" bezeichneten Bestimmung wird den Aktionären die Möglichkeit eingeräumt, ihr Missfallen über das Vergütungssystem für Vorstände hinsichtlich Vergütungshöhe und -struktur zum Ausdruck zu bringen. Die Vergütungskompetenz des Aufsichtsrats wird hierdurch nicht beschnitten,[30] sein Verhandlungsergebnis über gewährte Entlohnungspakete aber einem gewissen Rechtfertigungsdruck unterworfen.[31] Voraussetzung für das konsultativ ausgestaltete Votum der Hauptversammlung ist, dass das Vergütungssystem dieser zur Billigung vorgelegt wird. Da der Vorstand gemäß § 121 Abs. 2 Satz 1 AktG die Hauptversammlung einberuft, obliegt es ihm, zu entscheiden, ob das Vergütungsvotum auf die Tagesordnung aufgenommen wird.[32] Durch die Ausgestaltungsform als ein in

---

[28] Vgl. hierzu die Diskussion bei Hohaus/Weber (2009), S. 1517; sowie Thüsing (2009), S. 521.
[29] Vgl. hierzu Thüsing (2009) 531 f.
[30] Vgl. Falkenhausen/Kocher (2010), S. 627; Deilmann/Otte (2010), S. 545 f. Dauner-Lieb/Preen/Simon (2010), S. 381, sehen allerdings trotz des unverbindlichen Votums eine neue Austarierung des Kompetenzgefüges zwischen Vorstand, Aufsichtsrat und Hauptversammlung.
[31] Vgl. Döll (2009), S. 3.
[32] Ebenfalls können Aktionäre, die aggregiert über mindestens 5% des Grundkapitals oder einen anteiligen Betrag von 500.000 € verfügen, gemäß § 122 Abs. 2 AktG unabhängig vom Tätigwerden

## II. Publizität von Managergehältern: Geltendes Recht und ökonomischer Befund

somit drei Dimensionen unverbindliches Votum[33] – erstens hinsichtlich der Designation als Tagesordnungspunkt, zweitens in der Turnusmäßigkeit der Durchführung (beides durch den Vorstand bestimmt) und drittens in Bezug auf den Beschluss – entfaltet sich der „Enforcement"-Mechanismus dieser Regelung ausschließlich in der Öffentlichkeitswirkung des Hauptversammlungsvotums.[34] Der angestrebte Kanal für die Beschränkung der Vorstandsvergütung ist somit die Reputationswirkung des Hauptversammlungsvotums gegenüber Stakeholdern und Kapitalmarkt, die auch empirisch belegt ist.[35]

### 2.3. Ausblick

Eine weitere Regulierung bzw. Begrenzung der Vorstandsvergütungen bleibt Gegenstand der öffentlichen Debatte und schlägt sich in Gesetzgebungsinitiativen nieder. Die nationale Diskussion ist dabei eingebettet in internationale Entwicklungen: So haben die Schweizer Wähler im März 2013, veranlasst durch die sogenannte „Eidgenössische Volksinitiative gegen die Abzockerei", im Volksentscheid einer Verfassungsänderung zugestimmt, die im Kern die gesamte Vergütungssumme der Mitglieder von Leitungs- und Kontrollgremien Schweizer Aktiengesellschaften unter den Vorbehalt der (jährlichen) Zustimmung der Generalversammlung stellt, sowie Antritts- und Abgangsgelder generell verbietet. Der Gesetzgeber hat bis zur endgültigen Neufassung der entsprechenden Regelungen im Schweizer Aktiengesetz zunächst mit einer Übergangsregelung reagiert.[36]

Nicht unähnlich der Schweizer Initiative sah das im Juni 2013 vom Bundestag unter den alten Mehrheitsverhältnissen verabschiedete „Gesetz zur Verbesserung der Kontrolle der Vorstandsvergütung und zur Änderung weiterer aktiengesetzlicher Vorschriften" (VorstKoG)[37] u.a. eine Stärkung der Hauptversammlungskompetenzen durch die Verschärfung des § 120 Abs. 4 AktG vor: Über die *Billigung* des vom Aufsichtsrat vorgelegten Systems zur Vergütung der Vorstandsmitglieder sollte ein jährlicher Hauptversammlungsbeschluss gefasst werden.

---

     des Vorstands verlangen, dass das Vergütungsvotum auf die Tagesordnung gesetzt wird; in Ausnahmefällen (§ 111 Abs. 3 AktG) ist hierzu auch der Aufsichtsrat ermächtigt.
[33] Habersack (2010), S. 3 bezeichnet das Votum daher auch als „zahnloser Tiger".
[34] Vgl. Fleischer/Bedkowski (2009), S. 685.
[35] Für Großbritannien, wo bereits seit 2002 ein vergleichbares Vergütungsvotum mit Empfehlungscharakter existiert, stellen Bowlin et al. (2010) fest, dass die Managemententlohnung bei Existenz von say on pay gegenüber der Nichtexistenz signifikant sinkt. Alissa (2009) kommt zum Ergebnis, dass überhöhte Entlohnungen mit einer überhöhten Ablehnungsquote einhergehen. Für eine Erhebung der Abstimmungsergebnisse auf dem deutschen Kapitalmarkt vgl. Falkenhausen/Kocher (2010), S. 623 ff.; zur Wirksamkeit der deutschen *say on pay*-Regelung i. S. der Durchsetzung „angemessener" Kompensationsstrukturen vgl. die differenzierten Ergebnisse von Drefahl/Pelger (2013).
[36] Verordnung gegen übermässige Vergütungen bei börsenkotierten Aktiengesellschaften (VegüV) vom 20. November 2013, Der Schweizerische Bundesrat, gestützt auf die Artikel 95 Absatz 3 und 197 Ziffer 10 der Bundesverfassung.
[37] Bundestagsdrucksache 17/8989.

## II. Publizität von Managergehältern: Geltendes Recht und ökonomischer Befund

Im September 2013 wurde das VorstKoG im Bundesrat abgelehnt und in das Vermittlungsverfahren verwiesen.[38] Begründet wurde die Ablehnung damit, dass die „(…) jetzt vorgesehenen Regelungen (…) unter anderem zu einer unguten Gewichtsverlagerung im sorgfältig austarierten Befugnissystem der drei Organe der Aktiengesellschaft [führten], da der Aufsichtsrat erheblich geschwächt würde."[39] Die geplante „Letztentscheidungsbefugnis"[40] der Hauptversammlung über Vergütungssysteme hätte insbesondere den Einfluss der in deutschen Aufsichtsräten präsenten Arbeitnehmervertreter gemindert, was offensichtlich mit dem politischen Willen der Bundesratsmehrheit unvereinbar war.

Die amtierende große Regierungskoalition hat das Ansinnen einer solchen Letztentscheidungsbefugnis zwar in den Koalitionsvertrag aufgenommen. Mit einer entsprechenden Gesetzesinitiative ist indes auf Bundesebene vorerst nicht zu rechnen. Vielmehr sieht auf europäischer Ebene der im April 2014 von der EU-Kommission vorgelegte Vorschlag zur Änderung der Aktionärsrechterichtlinie künftig zwei Maßnahmen vor. Zum einen soll den Aktionären künftig mindestens alle drei Jahre für die Mitglieder der Unternehmensleitung die Vergütungspolitik zur Genehmigung vorgelegt werden. Des Weiteren will die Kommission eine europaweit standardisierte Vergütungspublizität einführen und den Aktionären das Recht einräumen, jährlich (unverbindlich) über diesen Vergütungsbericht abzustimmen. Die Finalisierung dieses Rechtsetzungsverfahrens steht noch aus, ebenso wie die anschließende Umsetzung in das deutsche Gesellschaftsrecht.

---

[38] Deutscher Bundesrat: Pressemitteilung 212/2013 vom 20.09.13, unter: http://www.bundesrat.de/SharedDocs/pm/2013/212-2013.html.
[39] Vgl. ebd.
[40] Vgl. ebd.

## 3. Die rechtlich relevanten Erfolgsindikatoren und ihre Problematik aus betriebswirtschaftlicher Sicht

Die erfolgsabhängige Bemessungsgrundlage von Entlohnungsverträgen wird sich herkömmlicherweise auf eine (oder mehrere) Periodenerfolgsgrößen des betrieblichen Rechnungswesens beziehen, wobei zahlreiche Varianten in Frage kommen. Elementar ist die Anknüpfung an den erwirtschafteten Jahresüberschuss/Jahresfehlbetrag nach den geltenden Rechnungslegungsstandards. Schon das Aktiengesetz von 1937 hat in § 77 die Möglichkeit einer Gewinnbeteiligung der Vorstandsmitglieder eingeräumt, die als ein Anteil am Jahresgewinn ausgestaltet war. Die Relevanz des Jahresüberschusses/Jahresfehlbetrags auch für die Leistungsbeurteilung der Unternehmensleitung leuchtet unmittelbar ein, wenn man sich die gesetzlichen Funktionen der Jahresüberschussgröße in ihren beiden Varianten – Einzelabschluss und Konzernabschluss – vor Augen hält: Der *handelsrechtliche Jahresüberschuss* ist nach § 158 AktG i. V. m. §§ 58, 174 Abs. 1 AktG relevant für die Ausschüttungen, die an die Aktionäre aus der Geschäftstätigkeit einer Periode geleistet werden kann; das Ergebnis des Konzernabschlusses bzw. eines Abschlusses nach den IFRS ist als primäre Informationsquelle konzipiert, um Kapitalgeber über die Wertschöpfung der abgelaufenen Periode aufzuklären (IASB-Framework [n. F.], OB 15 f.).

Gleichwohl ist die (unbereinigte) Jahresüberschussgröße als Leistungsindikator der Unternehmensführung zahlreichen kritischen Einwendungen ausgesetzt. Sie beziehen sich u.a. auf:

(i) ihre bilanzpolitische Gestaltbarkeit durch die Sachverhaltsgestaltungen sowie die Ausnutzung von expliziten und impliziten Bilanzierungswahlrechten;

(ii) periodenfremde, betriebsfremde sowie außerordentliche Einflüsse, die für die Leistungsbeurteilung verzerrend wirken;

(iii) andere Faktoren wie etwa unterschiedliche Finanzierungsstrukturen oder ein unterschiedlicher Altersaufbau des Anlagevermögens, die dazu führen, dass die Vergleichbarkeit von Jahresüberschussgrößen verschiedener Unternehmen als Leistungsindikator nicht gewährleistet ist.

Grundsätzlich ist es möglich, diese Defizite des Jahresüberschusses durch verschiedene Bereinigungsverfahren abzumildern. In welchem Maße dies in den Managementkompensationsverträgen geschieht, ist nicht immer unmittelbar aus den veröffentlichten Entlohnungsberichten ersichtlich.

Vor allem Autoren aus der Denkschule des Shareholder Value-Ansatzes haben in den letzten beiden Jahrzehnten neue Kompensationsmechanismen entwickelt und implementiert, die das Ziel haben, aus den periodischen Größen des betrieblichen Rechnungswesens Leistungsindikatoren zu entwickeln, die als Vergütungsgrundlage weniger verzerrte Managementanreize zur Shareholder Value-Maximierung setzen.[41] Eine solche Größe ist etwa der von der Beratungsfirma *Stern/Stewart* entwickelte *Economic Value Added* (EVA).[42] Bei diesem Erfolgsmaß wird die Jahresüberschussgröße des externen Rechnungswesens systematisch um zahlreiche Einflüsse bereinigt, um den operativen Erfolg, der von der Unternehmensleitung zu verantworten ist, zu isolieren. Ihm werden die Opportunitätskosten des Kapitaleinsatzes gegenübergestellt. Die Differenz ergibt die von der Unternehmensleitung zu verantwortende Wertschöpfung einer Periode.

Ein weiterer Einwand gegen Periodenerfolgsgrößen als (einzige) Bemessungsgrundlage leistungsgerechter Managementvergütung besteht darin, dass der erwirtschaftete Erfolg des abgelaufenen Geschäftsjahrs selbstverständlich keine Beurteilungsgrundlage für die Qualität langfristig verfolgter Strategien bietet. Er ist insofern ein „kurzsichtiges" Maß; eine exklusive Ausrichtung der leistungsabhängigen Kompensation benachteiligt nachhaltige Unternehmensstrategien. Die beobachtbare und verifizierbare Größe, in der sich nachhaltige Erfolgsperspektiven am wahrscheinlichsten widerspiegeln, ist der Aktienkurs der Unternehmung, bzw. die Entwicklung der Aktienrendite[43] im Zeitablauf. Aktien und aktienkursbasierte Vergütungssysteme sind deshalb grundsätzlich geeignet, als „variable Vergütungskomponenten mit langfristiger Anreizwirkung und Risikocharakter" zu dienen.

Allerdings wird der Einwand der *Kurzfristorientierung* auch und gerade gegen aktienkursbasierte Vergütungsschemata und ihre Anreizwirkungen vorgebracht: Häufig kann ein enger Zusammenhang zwischen der Entwicklung der Aktienrendite und dem Erreichen bzw. Verfehlen von kurzfristigen – oft quartalsbezogenen – Ergebnisgrößen beobachtet werden. Die Maximierung der (kurzfristigen) Aktienrendite setzt, so die Kritik, vitale Anreize zu kurzsichtigen, nicht-nachhaltigen Unternehmensstrategien und ist nur beschränkt zur Korrektur der rein periodenbezogenen Erfolgsgröße geeignet.[44]

---

[41] Als Grundlagenwerk zur „Philosophie" des Shareholder Value sowie zu deren Umsetzung im Rahmen von Investitionskalkülen und Strategieentwürfen gilt Rappaport (1995). Zu den Messansätzen sowie zur Kritik der Marktwertmaximierungsvorgabe aus betriebswirtschaftlicher Sicht vgl. knapp Ballwieser, Wolfgang: Adolf Moxter und der Shareholder Value Ansatz, in: Ballwieser/Böcking/Drukarczyk/Schmidt (1994), S. 1383-1388, 1391-1393 (m. w. V.).

[42] Vgl. zu diesem Ansatz grundlegend: Stewart (1991).

[43] Als Aktienrendite ist die Wertsteigerung der Aktie während des Geschäftsjahres zuzüglich der erzielten Dividende im Verhältnis zum Aktienkurs zu Beginn der Periode anzusehen.

[44] Vgl. Bolton, Sheinkman und Xiong (2006).

## 4. Managemententlohnung in der ökonomischen Theorie

Die ökonomische bzw. betriebswirtschaftliche Theorie begreift die Beziehung zwischen Vorstand und Aktionären sowie insbesondere das Entlohnungsproblem als ein sogenanntes *principal/agent*-Problem, d.h. als ein Problem der Delegation von Kompetenzen und Funktionen an Entscheidungsträger (*agents*), deren Interessen nicht mit den Interessen des Delegationsgebers (*principal*) deckungsgleich sind: Ist das Interesse des Eigenkapitalgebers im Standardbeispiel einer Publikumsgesellschaft typischerweise fast exklusiv auf die Maximierung des Unternehmenswerts gerichtet, so gestaltet sich die individuelle Interessenlage eines Mitglieds der Unternehmensleitung differenzierter.

Aus dem gegenüber einem diversifizierten Anteilseigner stärker ausgeprägten Sicherheitsbedürfnis mag sich etwa eine Präferenz der Manager für risikoaverse Unternehmensstrategien (bspw. extreme Geschäftsfelddiversifikation, Hortung von Liquidität, Ablehnung einer effizienten Verschuldungspolitik) ergeben. Aus persönlichen Konsum- und Prestigeinteressen der Unternehmensleitung kann es zur Realisierung unterschiedlichster, aus Anteilseignersicht sinnloser Projekte kommen. Beispiele hierfür sind Akquisitionen zur Erweiterung des persönlichen Machtbereichs der Unternehmensspitze sowie Investitionen in Prestigeobjekte und Statussymbole. Schließlich werden Vorstände, deren Entlohnung vom Unternehmenserfolg abgekoppelt ist, ganz allgemein ein niedrigeres Leistungsniveau aufgrund der allgemein menschlichen Neigung zu Muße und Untätigkeit bevorzugen.

Das geschilderte Delegationsproblem zwischen Kapitalgebern und Unternehmensleitung ist seit Jahrhunderten Gegenstand ökonomischer Betrachtungen gewesen;[45] als Objekt zahlreicher ökonomischer Forschungsarbeiten ist es jedoch erst ab der zweiten Hälfte der siebziger Jahre des vorigen Jahrhunderts in den Vordergrund getreten. Von ausschlaggebender Relevanz waren hier die Arbeiten von *Michael C. Jensen* und seinen Koautoren.[46]

Aus konzeptioneller Sicht hat *Jensen* einen umfassenden und in sich geschlossenen Analyserahmen für das *Agency*-Problem und seine einzelnen Dimensionen entwickelt, der in der Folge u.a. durch die formale Ausformulierung als kontrolltheoretisches Optimierungsproblem ausgefüllt wurde.[47] Im Rahmen der verschiedenen Varianten dieses kontrolltheoretischen Optimierungsproblems maximieren jeweils zwei (oder mehrere) Parteien – in der Grundform die Kapitalgeber und die Unternehmensleitung – ihren individuellen, als mathematische

---

[45] Klassische Referenzen sind die Ausführungen in: Smith (1976), S. 741, sowie die Analyse des Delegationsproblems aufgrund der Trennung von Eigentum und Kontrolle in Großunternehmen: Berle/Means (1950).
[46] Vgl. u.a. Jensen/Meckling (1976); Fama/Jensen (1983).
[47] Vgl. etwa die Lehrbuchdarstellung bei Macho-Stadler/Pérez-Castrillo (2001).

Funktion ausgedrückten Nutzen unter genauer Kenntnis der Interessenlage der jeweils anderen Partei. Ergebnis ist immer die Formulierung eines *anreizverträglichen Entlohnungsvertrags*, der unter den gegebenen Verhältnissen eine optimale Lösung des Delegationsproblems darstellt, weil er die Unternehmensleitung zu einer (unter den gegebenen Umständen) maximalen Performance im Sinne der Anteilseigner veranlasst. Typischerweise umfasst ein derartiger anreizverträglicher Entlohnungsvertrag eine Fixkomponente im Sinne eines periodenbezogenen Festgehalts sowie einen auf einen oder mehrere Leistungsindikatoren konditionierten variablen Anteil.

Aus materieller Sicht stellen die Arbeiten von *Michael C. Jensen* den wissenschaftlichen Referenzpunkt für die exorbitant hohen, oft als exzessiv angeprangerten Entlohnungspakete dar, die in den letzten zwei Jahrzehnten vor allem bei US-amerikanischen Unternehmen weite Verbreitung gefunden haben. *Jensen* argumentiert in seinen Texten, dass zur Setzung effizienter Leistungsanreize in einer typischen, breit gestreuten Publikumsaktiengesellschaft um ein vielfaches umfangreichere sowie sehr viel aggressiver gestaltete leistungsabhängige Entlohnungsanteile notwendig seien, als bisher (d.h. in den siebziger und anfangs der achtziger Jahre) üblich.[48] Die diesbezüglichen Thesen *Jensens* sind begreiflicherweise auch in der Wissenschaft umstritten. Exponiertester Kritiker ist der US-amerikanische Rechtswissenschaftler und Ökonom *Lucian Bebchuk*, welcher der Auffassung, beobachtbare Vergütungsusancen seien Ausdruck einer „effizienten" Incentivierung („efficient contracting"), mit dem Gegenentwurf des „managerial entrenchment" entgegentritt, wonach einflussreiche Manager sich gegenüber willfährigen oder gar überforderten Aufsichtsgremien durchsetzen, um unangemessen hohe bzw. nicht ausreichend erfolgsabhängige Vergütungen („pay without performance") zu erwirken.[49] Eine Vielzahl empirischer Arbeiten findet Evidenz für beide Erklärungsansätze.[50]

Der berechtigten Kritik zum Trotz haben die Arbeiten und Thesen von *Jensen* kaum zu überschätzende Ausstrahlungskraft in Theorie und Praxis gehabt. Aus der Sicht des deutschen Corporate Governance-Systems und seinen gesellschafts- sowie unternehmensrechtlichen Grundlagen muss der ausschließlich shareholder value-basierte Ansatz von *Jensen* indes zumindest Modifikationen erfahren: Der Vorstand einer deutschen Aktiengesellschaft ist nach der vorherrschenden aktienrechtlichen Dogmatik dem *Unternehmensinteresse* verpflichtet, welches nicht völlig in der Maximierung des Unternehmenswertes bzw. der Residualposition

---

[48] Vgl. etwa plakativ: Jensen/Murphy (1990). Für eine aktuelle Bestandsaufnahme, vgl. Jensen/Murphy/Wruck (2004).
[49] Vgl. z.B. Bebchuk/Fried (2003).
[50] Vgl. für einen Überblick Maug/Albrecht (2011).

der Anteilseigner aufgeht, sondern die legitimen Interessen anderer Stakeholdergruppen am Fortbestand und am Gedeihen des Unternehmens als Geflecht unterschiedlicher Vertragspositionen mit berücksichtigt.[51] Die unmittelbaren Implikationen des Stakeholdermodells des deutschen Aktienrechts für das Niveau und die Struktur der Vorstandsvergütung sind allerdings nicht rechtlich substantiiert – weder durch Gesetzesnormen, noch durch diesbezügliche Judikate und auch nicht durch eine „herrschende Meinung" im Sinne eines Auslegungskonsenses.

## 5. Ökonomische Zwecksetzung der gesetzlichen Vergütungskomponenten

Die drei periodisch fälligen, monetären Vergütungsanteile, die der Corporate Governance Kodex thematisiert und deren Ausweis das VorstOG fordert, nämlich:

(i) fixer Bestandteil,

(ii) einmalige sowie jährlich wiederkehrende, an den geschäftlichen Erfolg gebundene Komponenten sowie

(iii) Komponenten mit langfristiger Anreizwirkung und Risikocharakter

stehen unabhängig von der Diskussion um ihre jeweilige Gewichtung und ihren Gesamtumfang in Einklang mit der skizzierten Analyse auf Basis der *principal/agent*-Theorie: Der Fixbestandteil ergibt sich als Versicherungskomponente für die in der Unternehmensleitung und auch in anderen Managementpositionen Tätigen. Die Führungskraft, die ihren gesamten Arbeitseinsatz auf ein Unternehmen konzentriert, ist in ihrer Vermögensposition ungleich höheren Risiken ausgesetzt als ihr Prinzipal – dies ist typischerweise ein diversifizierter Anteilseigner desselben Unternehmens. Die Garantie eines festen Entlohnungsbestandteils schafft hier den notwendigen Ausgleich zwischen dem unterschiedlichen Charakter der Risikoposition beider Seiten: undiversifiziertem Einsatz von Humankapital auf der einen Seite und (i. d. R.) diversifiziertem Einsatz von Beteiligungskapital auf der anderen Seite.

Leistungsbezogene Bemessungsgrundlagen der Managervergütung sind indes vonnöten, um das oben skizzierte Delegationsproblem abzumildern. Zu unterscheiden sind dabei Indikatoren, die auf die Performance der laufenden Periode bezogen sind, und Indikatoren, die auf eine im Langfristhorizont mehr oder minder erfolgreiche Unternehmensstrategie bezogen sind. Trotz der oben nur grob skizzierten Mängel kommen dabei im Wesentlichen zwei Bemessungsgrundlagen in Betracht: die Anknüpfung an eine periodenbezogene Erfolgsgröße

---

[51] Vgl. hierzu insbesondere entsprechende Bezugnahmen auf das Unternehmensinteresse im Deutschen Corporate Governance Kodex, hier *Abschnitt 4.1.1., Abschnitt 4.3.3., Abschnitt 5.5.1.*; zum weiteren Kontext Kuhner (2004).

sowie an die Aktienrendite. Beide Indikatoren weisen Vor- und Nachteile auf, die in einer effizienten Kombination sich gegenseitig ergänzen bzw. ausgleichen.

Periodenbezogene Erfolgsindikatoren sind grundsätzlich dazu geeignet, die von der Unternehmensleitung verantwortete operative Wertschöpfung eines Unternehmens für einen abgelaufenen Zeitraum abzubilden. Ihr Nachteil besteht in der mangelnden Einbeziehung langfristiger Strategieimplikationen. Die Aktienrendite bildet Steigerungen des Unternehmenswertes in einer abgelaufenen Periode nach, in dem Maße, wie diese Steigerungen durch das Kapitalmarktpublikum rezipiert werden. Geht man davon aus, dass es trotz aller Unvollkommenheiten keine präzisere Messgröße für die langfristige Wertentwicklung eines Unternehmens gibt, dann sind aktienkursorientierte Komponenten notwendiger und selbsterklärender Bestandteil eines anreizverträglichen Entlohnungsvertrages. Der Nachteil der Aktienrendite ist vor allem darin zu sehen, dass sich in ihr zahlreiche Effekte widerspiegeln, die nicht in den Verantwortungsbereich der Unternehmensleitung fallen; sinnvollerweise muss sie im Rahmen des anreizverträglichen Entlohnungsvertrages durch andere Komponenten ergänzt werden. Auf der Hand liegt hier wiederum der Einsatz einer Periodenerfolgsgröße des betrieblichen Rechnungswesens.

Auch nach Inkrafttreten des VorstAG behalten die drei hier dargestellten Komponenten ihre Relevanz; die neue Rechtslage bedingt allerdings die Betonung der Langfristigkeit im Sinne mehrjähriger Bemessungsgrundlagen sowie die Begrenzung („*cap*") bei außerordentlichen, d.h. nicht durch die Unternehmensleitung zu verantwortenden Entwicklungen. Abschnitt 4.2.3. DCGK fordert zudem den Bezug auf „(...) anspruchsvolle, relevante Vergleichsparameter". In welchem Umfang in Zukunft zusätzlich qualitative Leistungsparameter im Sinne individueller Evaluationen Berücksichtigung finden werden, ist z. Zt. noch nicht absehbar; die Diskussion hierzu steht erst am Anfang.[52]

---

[52] Zu möglichen Indikatoren vgl. etwa Dauner-Lieb/von Preen/Simon (2010), S. 378 f.; Wagner (2010), S. 778.

## III. Datengrundlage und Methodik der Untersuchung

### 1. Stichprobe

Gegenstand der Erhebung der Vergütungsdaten sind die Geschäftsberichte 2013 (bzw. 2012/2013 oder 2013/2014, sofern der Bilanzstichtag vor dem 30.06. liegt) der im Prime Standard der Frankfurter Wertpapierbörse gelisteten Unternehmen, die in Kapitel V mit den Daten der Vorgängerjahre 2009–2013 verglichen werden. Der Prime Standard ist ein Segment börsennotierter Unternehmen, welche höheren Anforderungen hinsichtlich des Umfangs und der Frequenz der Unternehmenspublizität zu entsprechen haben als die restlichen, im General Standard geführten Kapitalgesellschaften. Enthalten im Prime Standard sind mit den in den Auswahlindizes DAX, MDAX und TecDAX geführten Unternehmen einerseits die großen Publikumsgesellschaften.[53] Der DAX enthält die 30 größten und umsatzstärksten Unternehmen an der Frankfurter Wertpapierbörse, der MDAX umfasst die 50 hierauf folgenden Werte. Der TecDAX beinhaltet die 30 größten und liquidesten Werte aus dem Technologiebereich unterhalb des DAX. Zusätzlich zu diesen sogenannten „blue chips" beinhaltet der Prime Standard andererseits aber auch Unternehmen, die bezüglich Börsenkapitalisierung bzw. Börsenumsatz als kleiner zu bezeichnen sind. Das sind zum einen die 50 unterhalb des MDAX geführten Unternehmen des SDAX, sowie weitere, in keinem speziellen Auswahlindex erfasste Gesellschaften.[54]

Die Datenerfassung beinhaltet sämtliche Gesellschaften, für die bis zum Juni 2013 die Vergütungsinformationen im Rahmen der Register- und Geschäftsberichtspublizität öffentlich verfügbar gemacht worden sind. Berücksichtigt werden diejenigen Unternehmen, welche die gesamten Vorstandsbezüge zumindest differenziert nach den variablen bzw. den fixen Bestandteilen ausgewiesen haben; dies waren 276 Gesellschaften. Von diesen Unternehmen verzichten 49 auf den individualisierten Ausweis der Vergütungsinformationen für einzelne Vorstandsmitglieder. Tabelle 1 gibt Aufschluss über die verbleibenden 227 Unternehmen, deren Vergütungsberichte somit der Untersuchung zugrunde liegen, und informiert in der Indexbetrachtung über die Ausprägungen der Größenmerkmale Bilanzsumme und Marktwert (Börsenkapitalisierung) sowie das Erfolgsmaß Jahresüberschuss. Eine Aufschlüsselung der Stichprobe nach Branchen erfolgt in Tabelle 2.

---

[53] Sämtliche Indizes der DAX-Familie sind eingetragene Warenzeichen der Deutschen Börse AG.
[54] Für die Merkmale der einzelnen Indizes und Segmente siehe Deutsche Börse: Leitfaden zu den Aktienindizes der Deutschen Börse, Version 6.28, August 2014, abzurufen unter: www.deutsche-boerse.com.

III. Datengrundlage und Methodik der Untersuchung

| Index | N | n | Bilanzsumme | Jahresüberschuss | Marktwert |
|---|---|---|---|---|---|
| DAX | 30 | 30 | 160.809,0 | 1.981,3 | 31.897,5 |
| MDAX | 50 | 40 | 11.085,3 | 140,3 | 3.993,5 |
| TecDAX | 30 | 25 | 776,0 | 43,6 | 1.176,6 |
| SDAX | 50 | 32 | 1.879,7 | 130,7 | 727,3 |
| Sonstige | 150 | 100 | 284,6 | -3,6 | 118,3 |
| *Gesamt* | *310* | *227* | *23.681,5* | *308,2* | *4.930,2* |

| | |
|---|---|
| Index = | Börsenindex (einschließlich sonstige im Prime Standard gelistete Unternehmen) |
| N = | Anzahl der im Börsenindex geführten Unternehmen |
| n = | Anzahl der in die Untersuchung einbezogenen Unternehmen mit individualisierter Vergütungspublizität |
| Bilanzsumme = | Durchschnittliche Bilanzsumme zum Geschäftsjahresende 2013 (Mio. €) |
| Jahresüberschuss = | Durchschnittlicher Jahresüberschuss zum Geschäftsjahresende 2013 (Mio. €) |
| Marktwert = | Durchschnittliche Börsenkapitalisierung zum 30.12.2013 (Mio. €) |

**Tabelle 1: Stichprobe der untersuchten Vergütungsberichte – Indexbetrachtung**

| Branche | N | n | Bilanzsumme | Jahresüberschuss | Marktwert |
|---|---|---|---|---|---|
| Automobil | 10 | 9 | 73.676,4 | 2.601,4 | 23.670,0 |
| Banken und Versicherungen | 7 | 8 | 416.945,3 | 1.479,9 | 326,7 |
| Grundstoffe | 6 | 4 | 3.259,9 | -206,0 | 1.063,5 |
| Chemie | 13 | 11 | 17.277,9 | 1.038,1 | 19.672,3 |
| Bauindustrie | 4 | 3 | 7.176,5 | 112,4 | 2.883,1 |
| Konsumgüter | 25 | 10 | 4.364,5 | 307,3 | 6.564,2 |
| Finanzdienstleister | 33 | 23 | 11.054,3 | 207,6 | 1.415,4 |
| Industriegüter | 76 | 59 | 4.167,6 | 67,5 | 2.577,0 |
| Medien | 12 | 5 | 1.281,2 | 46,1 | 2.906,7 |
| Pharma | 29 | 22 | 4.042,8 | 168,2 | 2.533,1 |
| Einzelhandel | 18 | 11 | 2.774,3 | 8,5 | 1.439,7 |
| Software | 34 | 27 | 1.482,6 | 155,3 | 3.660,6 |
| Technologie | 22 | 18 | 720,8 | 18,5 | 873,4 |
| Telekommunikation | 8 | 8 | 15.524,5 | 158,4 | 8.570,3 |
| Transport & Logistik | 10 | 6 | 14.914,0 | 443,4 | 7.973,2 |
| Versorger | 3 | 3 | 72.027,6 | -177,0 | 14.544,7 |
| *Gesamt* | *310* | *227* | *23.681,5* | *308,2* | *4.930,2* |

| | |
|---|---|
| Branche = | Sektor des Unternehmens gemäß Klassifizierung der Deutschen Börse |
| N = | Anzahl der einer Branche zugehörigen Unternehmen |
| n = | Anzahl der in die Untersuchung einbezogenen Unternehmen mit individualisierter Vergütungspublizität |
| Bilanzsumme = | Durchschnittliche Bilanzsumme zum Geschäftsjahresende 2013 (Mio.€) |
| Jahresüberschuss = | Durchschnittlicher Jahresüberschuss zum Geschäftsjahresende 2013 (Mio. €) |
| Marktwert = | Durchschnittliche Börsenkapitalisierung zum 30.12.2013 (Mio. €) |

**Tabelle 2: Stichprobe der untersuchten Vergütungsberichte – Branchenbetrachtung**

## 2. Auswertung der Vergütungsberichte

Für die Auswertung der Vergütungsberichte stellte sich die grundsätzliche Frage, auf welcher Ebene die Vergütungsdaten erhoben und analysiert werden sollen: (1) auf Ebene des Gesamtvorstands, d.h. die Summe der Vergütungen aller Mitglieder; (2) auf Ebene eines durchschnittlichen Vorstandsmitglieds, d.h. die Summe der Vergütungen geteilt durch die Anzahl der Mitglieder; oder (3) getrennt auf Ebene der Vorstandsvorsitzenden und auf Ebene der regulären Vorstandsmitglieder. Angesichts des typischerweise gewährten Vergütungszuschlags für den Vorstandsvorsitzenden, der über eine Ressortverantwortung hinaus auch eine Gesamtverantwortung trägt, wurde die dritte Variante gewählt, also differenziert zwischen der so verstandenen CEO-Vergütung und der Vergütung regulärer Vorstandsmitglieder. Aus diesem Grund können die Unternehmen, die keine Angaben zur Verteilung der Gesamtvergütung auf den Vorstandsvorsitzenden und die regulären Vorstandsmitglieder veröffentlichen, nicht berücksichtigt werden – mit Ausnahme derjenigen elf Unternehmen, deren Vorstand lediglich aus einer Person besteht. Diese betrachten wir als „Vorsitzenden", da es sich um eine Position mit Gesamtverantwortung handelt.

In denjenigen Fällen, in denen ein Vorstandsvorsitzender nicht das ganze Geschäftsjahr tätig war, haben wir das Gehalt annualisiert, also auf das Jahr hochgerechnet. Zur Ermittlung der durchschnittlichen Vergütung eines regulären Vorstandsmitglieds haben wir die ‚effektive' Zahl der Vorstandsmitglieder – ohne den Vorstandsvorsitzenden – ermittelt und die auf die regulären Vorstandsmitglieder entfallende Vergütung durch diese Zahl geteilt. Waren beispielsweise Vorstandsmitglieder nicht als solche während des gesamten Geschäftsjahres für das betreffende Unternehmen tätig, wurden sie bei der Ermittlung der ‚effektiven' Zahl anteilig berücksichtigt.

Hinsichtlich der einzelnen Komponenten der Vergütung, die sich wie geschildert typischerweise aus einem Fixgehalt, einer kurzfristigen Bonus- oder Tantiemenzahlung, einem Bonusanspruch mit langfristiger Anreizwirkung und Vergütungselementen, deren Wert sich am Aktienkurs orientiert, zusammensetzt,[55] stellen wir auf die Differenzierung der Komponenten im Vergütungsbericht ab. Nebenleistungen wurden der erfolgsunabhängigen Vergütung zugerechnet, während Pensionszusagen und Einkünfte aus der Tätigkeit von Vorstandsmitgliedern als Aufsichtsräte keine Berücksichtigung fanden. Ungeachtet einer heterogenen Ausweispraxis bei Aktienoptionsprogrammen, wonach mitunter auch etwa über Ausübungsgewinne oder Zeitwertänderungen bereits existierender Optionen berichtet wird, beschränkte

---

[55] Vergütungskomponenten mit langfristiger Anreizwirkungen können einerseits aktienbezogen ausgestaltet sein, andererseits auch aus Boni mit mehrjähriger Bemessungsgrundlage bestehen.

sich die Erhebung auf die gesetzlich vorgesehenen Angaben zum Zeitwert der in der Berichtsperiode zugesagten Optionspläne bzw. der aktienkursgebundenen Wertsteigerungsrechte. Nicht einbezogen wurden darüber hinaus zum einen Abfindungszahlungen, wie sie im Rahmen von vorzeitigen Vertragsauflösungen üblich sind, da diese nicht den Gegenwert einer erbrachten Arbeitsleistung reflektieren. Zum anderen nicht erfasst wurden Aufwendungen für Altersvorsorge, etwa im Rahmen der Zuführung zu den Pensionsrückstellungen, da diese nicht in einheitlicher Form ausgewiesen wurden, womit die Vergleichbarkeit der Daten erschwert würde.

Da die Ausgestaltung von Vergütungspaketen erwartungsgemäß stark über verschiedene Branchen variiert, erfolgt im Rahmen dieser Studie zusätzlich zur Indexbetrachtung eine entsprechende Aufschlüsselung. Diese folgt der Klassifizierung der Deutschen Börse, die 18 sogenannte Sektoren unterscheidet.[56] Der Branche „Food & Beverages" (Lebensmittel) wird innerhalb des Prime Standards nur ein einziges Unternehmen zugeordnet (Südzucker AG), welches wir aus Gründen der Repräsentativität der Branche „Industrial" (Industriegüter) zugeordnet haben. Die Branchen Banken und Versicherungen werden ebenfalls zusammengefasst.

---

[56] Vgl. Deutsche Börse: Leitfaden zu den Aktienindizes der Deutschen Börse, Version 6.28, August 2014, abzurufen unter: www.deutsche-boerse.com, S. 48 ff. Des Weiteren werden auf einer höheren Aggregationsebene 9 Supersektoren und in einer weiteren Differenzierung 63 Subsektoren unterschieden.

## IV. Vorstandsvergütung 2013: Bestandsaufnahme

### 1. Vorgehensweise

Gegenstand des vorliegenden Abschnitts ist die Bestandsaufnahme der Vorstandsvergütung für das Geschäftsjahr 2013 (2012/2013, bzw. 2013/2014, sofern der Bilanzstichtag vor dem 30.06. liegt). Diese erfolgt differenziert für reguläre Vorstandsmitglieder auf der einen und für den Vorstandsvorsitzenden auf der anderen Seite. Ermittelt wurden die Durchschnittswerte (in Tsd. €) der vier Gehaltskategorien Festgehalt („Fixum"), in das die Nebenleistungen mit eingerechnet wurden, kurzfristig erfolgs- bzw. nach individuellen Leistungsparametern abhängige Boni („Bonus"), Bonusansprüche mit langfristiger Anreizwirkung sowie die Vergütung auf Basis aktienkursgebundener Entlohnungspläne („Aktienbasierte Vergütung"). Grundlage der Durchschnittsbildung war die Anzahl der durchschnittlich im Geschäftsjahr angestellten Vorstandsmitglieder. Ein Vergleich der jeweiligen Vergütungsdaten für 2012 mit den Vorjahren erfolgt in Kapitel V.

Ermittelt wurde überdies ein Maß der relativen Entlohnung der Vorstandsvorsitzenden bzw. -sprecher. Das so genannte „CEO premium" ist das Verhältnis der Gesamtvergütung des Vorstandsvorsitzenden zur durchschnittlichen Gesamtvergütung eines regulären Vorstandsmitglieds. Diese Kennzahl misst somit das Vergütungsdifferenzial zwischen Vorsitzendem und den übrigen Vorstandsmitgliedern (bzw. dem hypothetischen mittleren regulären Vorstandsmitglied), gibt also Auskunft über den Vergütungszuschlag, der mit der Übernahme der Führungsverantwortung einhergeht.[57]

Im Folgenden werden die Ergebnisse dieser Auswertung mittels tabellarischer Darstellungen und Grafiken präsentiert. Die Darstellung erfolgt hierbei nach verschiedenen Ordnungsmerkmalen: Börsenindex, Branchenzugehörigkeit, Unternehmensgröße (Bilanzsumme), Vorstandsgröße und Region; angegeben wird jeweils das arithmetische Mittel.

---

[57] Nicht ermittelt wurde der in der Literatur verwendete „CEO pay slice", der relative Anteil der Gesamtbezüge des Vorstands, der auf den Vorsitzenden entfällt. Diese Größe gibt somit Auskunft darüber, wie groß das Stück vom „Gehaltskuchen" ist, das auf den Vorstandsvorsitzenden entfällt. Indes nimmt der CEO *pay slice* nicht nur mit der Höhe der Vergütung des CEO zu, sondern auch mit der Summe sämtlicher Vorstandsbezüge ab. Er wird von daher vor allem mit zunehmender Anzahl der Vorstandsmitglieder sinken und ist insofern assoziiert mit der Unternehmensgröße, was verzerrend wirkt.

IV. Vorstandsvergütung 2013: Bestandsaufnahme

## 2. Indexbetrachtung

| Index | n | Fixum | Kurzfr. Bonus | Langfr. Bonus | Aktienb. Verg. | Gesamt |
|---|---|---|---|---|---|---|
| DAX | 30 | 842,9 | 738,2 | 550,9 | 703,6 | 2.835,7 |
| MDAX | 40 | 537,5 | 466,5 | 190,3 | 352,7 | 1.547,0 |
| TecDAX | 24 | 364,9 | 224,5 | 23,9 | 180,3 | 793,7 |
| SDAX | 32 | 334,1 | 146,9 | 75,5 | 223,0 | 779,5 |
| Sonstige | 90 | 228,7 | 61,5 | 27,1 | 13,7 | 331,1 |
| *Gesamt* | 216 | 401,9 | 261,3 | 136,9 | 221,8 | 1.022,0 |

Index = Börsenindex
n = Anzahl der ausgewerteten Vergütungsberichte
Fixum = Festgehalt, einschließlich der Nebenleistungen (in Tsd. €)
Bonus = Erfolgsabhängige Bonusgewährungen (differenziert zwischen solchen mit kurzfristiger und solchen mit langfristiger Anreizwirkung) (in Tsd. €)
Aktienb. Vergütung = Durchschnittliche am Aktienkurs orientierte erfolgsabhängige Vergütung (in Tsd. €)

**Tabelle 3: Durchschnittliche Vergütung von regulären Vorstandsmitgliedern[58] 2013 – Indexbetrachtung**

---

[58] Bei der Untersuchung der Gehaltshöhe regulärer Vorstandsmitglieder werden diejenigen Unternehmen nicht berücksichtigt, die nur ein Vorstandsmitglied hatten. Dies gilt für alle folgenden Darstellungen.

## IV. Vorstandsvergütung 2013: Bestandsaufnahme

**Komponenten der Vergütung regulärer Vorstandsmitglieder 2013**

■ Fixum  ■ Kurzfr. Bonus  ■ Langfr. Bonus  ■ Aktienb. Verg.

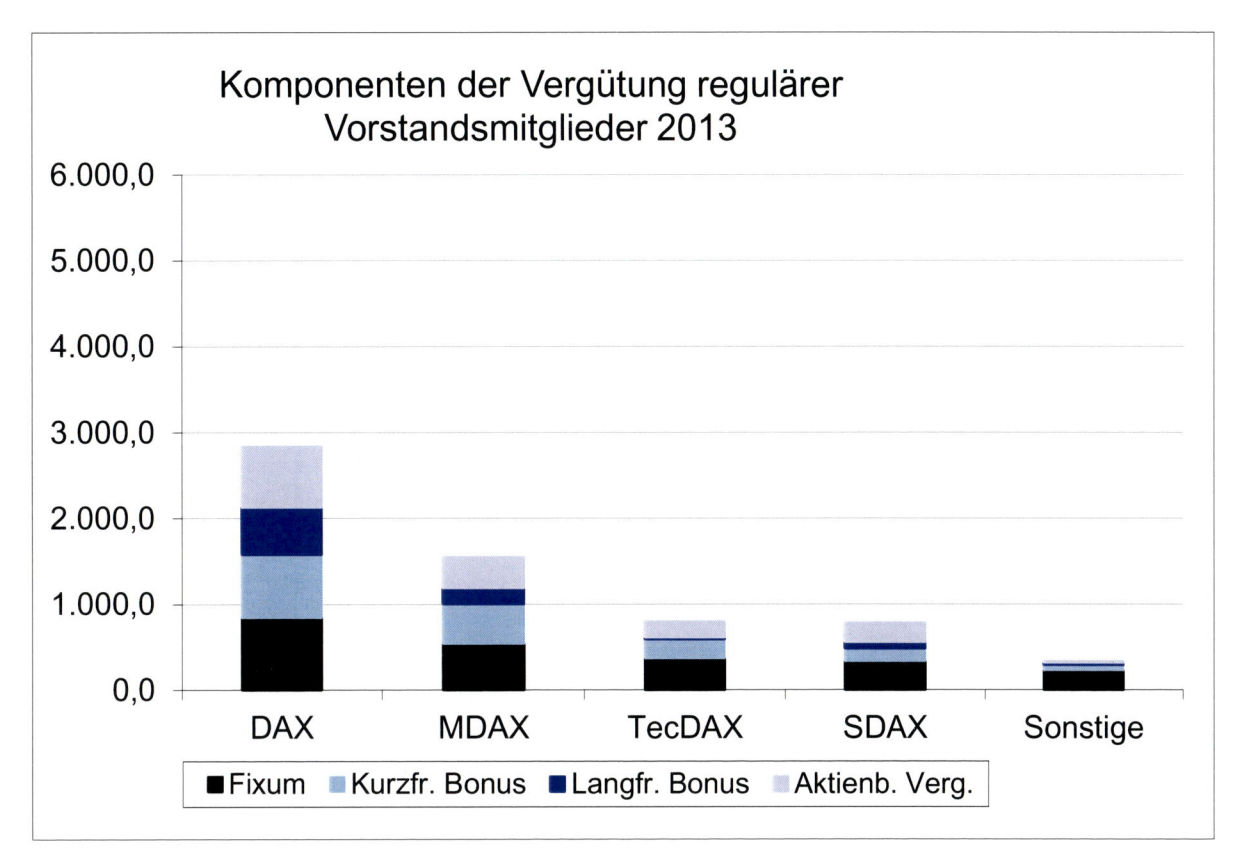

**Abbildung 1: Zusammensetzung der Vergütung regulärer Vorstandsmitglieder (in Tsd. €) – Indexbetrachtung**

| Index | n | Fixum CEO[59] | Kurzfr. Bonus CEO | Langfr. Bonus CEO | Aktienb. Verg. CEO | Gesamt CEO | CEO premium (n = 209) |
|---|---|---|---|---|---|---|---|
| DAX | 30 | 1.405,3 | 1.434,5 | 1.026,4 | 1.290,0 | 5.156,3 | 1,82 |
| MDAX | 40 | 827,0 | 665,5 | 309,1 | 570,9 | 2.372,6 | 1,69 |
| TecDAX | 25 | 485,0 | 402,1 | 34,6 | 222,2 | 1.143,9 | 1,49 |
| SDAX | 32 | 543,5 | 369,1 | 103,2 | 321,8 | 1.337,5 | 1,86 |
| Sonstige | 100 | 323,7 | 100,1 | 31,4 | 16,6 | 471,8 | 1,49 |
| *Gesamt* | 227 | 604,1 | 447,2 | 222,3 | 348,2 | 1.621,9 | 1,63 |

Index = Börsenindex
n = Anzahl der ausgewerteten Vergütungsberichte
Fixum = Festgehalt, einschließlich der Nebenleistungen (in Tsd. €)
Bonus = Erfolgsabhängige Bonusgewährungen (differenziert zwischen solchen mit kurzfristiger und solchen mit langfristiger Anreizwirkung) (in Tsd. €)
Aktienb. Vergütung = Durchschnittliche am Aktienkurs orientierte erfolgsabhängige Vergütung (in Tsd. €)

**Tabelle 4: Durchschnittliche Vergütung von Vorstandsvorsitzenden 2013 – Indexbetrachtung**

---

[59] In dieser und in allen nachfolgenden Tabellen indiziert das Kürzel „CEO", dass sich die betreffende Zahl auf den Vorstandsvorsitzenden bezieht.

## IV. Vorstandsvergütung 2013: Bestandsaufnahme

**Komponenten der Vergütung von Vorstandsvorsitzenden 2013**

[Balkendiagramm: Fixum, Kurzfr. Bonus, Langfr. Bonus, Aktienb. Verg. für DAX, MDAX, TecDAX, SDAX, Sonstige]

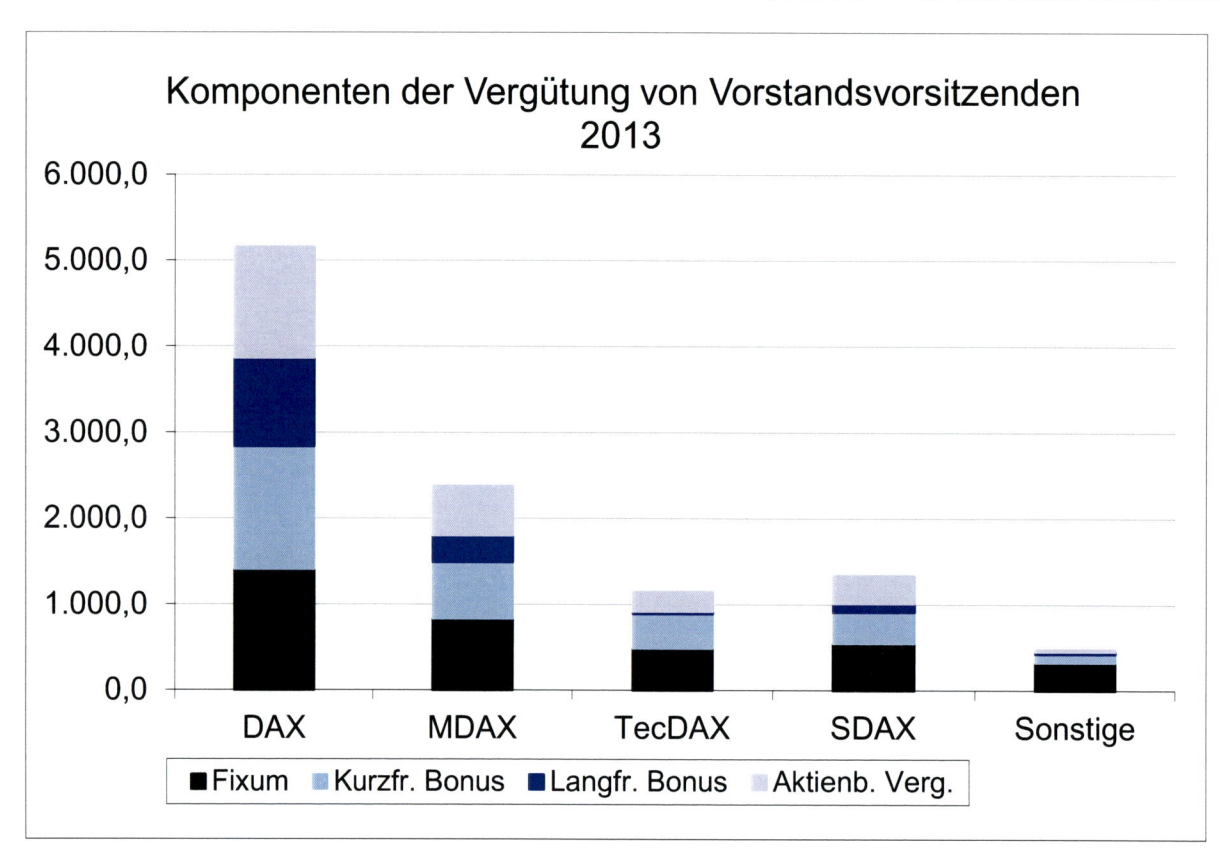

Abbildung 2: Zusammensetzung der Vergütung der Vorstandsvorsitzenden (in Tsd. €) – Indexbetrachtung

| Index | Reguläre Vorstandsmitglieder | Vorstandsvorsitzende |
|---|---|---|
| DAX | 67,2% | 67,3% |
| MDAX | 61,1% | 62,5% |
| TecDAX | 44,4% | 38,1% |
| SDAX | 44,0% | 49,3% |
| Sonstige | 24,2% | 23,8% |
| *Gesamt* | 42,2% | 41,5% |
| Index = | Börsenindex | |

Tabelle 5: Verhältnis variabler Vergütungsbestandteile zur Gesamtvergütung 2013 – Indexbetrachtung

## IV. Vorstandsvergütung 2013: Bestandsaufnahme

**Histogramm der Gesamtvergütung 2013**

■ Vorstandsvorsitzende    ■ reguläre Vorstandsmitglieder

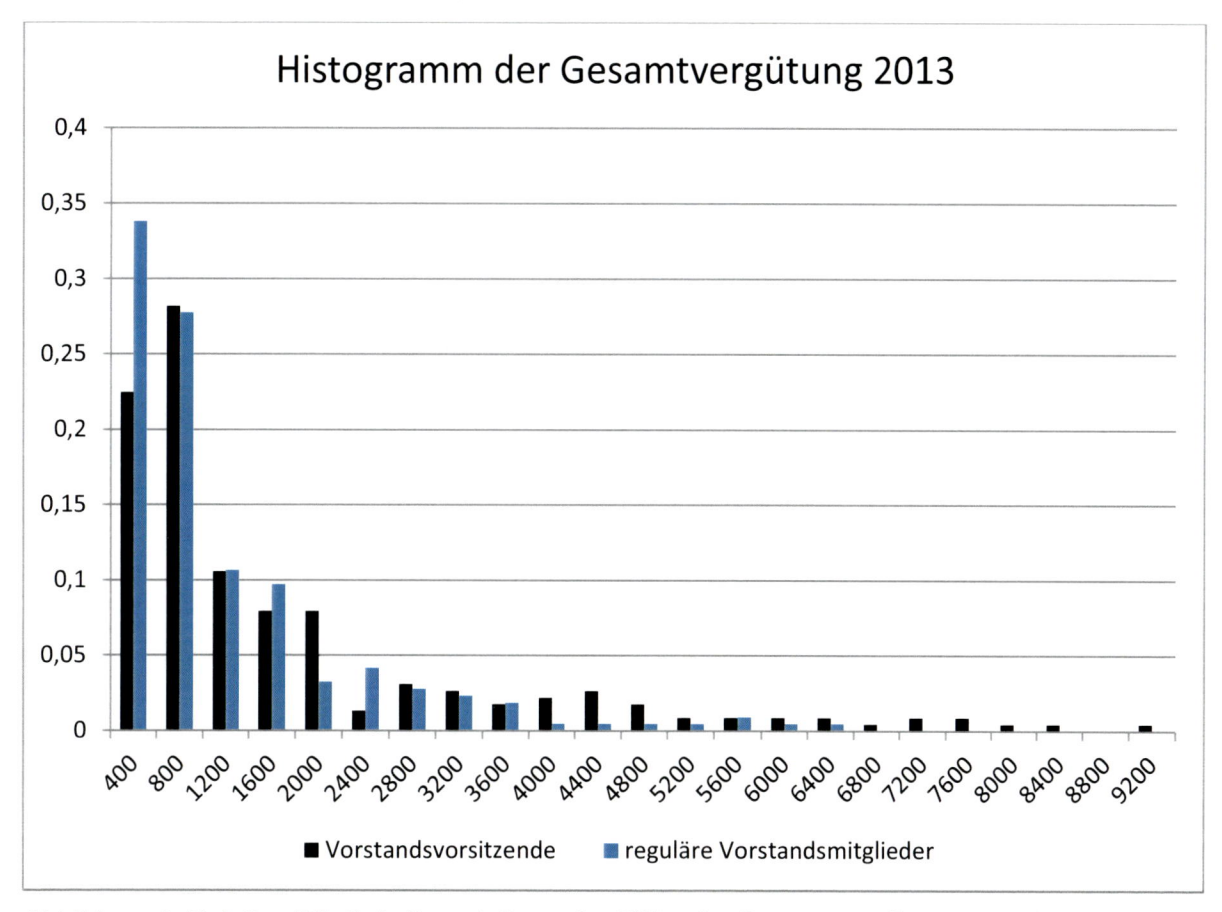

**Abbildung 3: Relative Häufigkeitsverteilung der Höhe der Gesamtvergütung 2013 (in Klassenbreiten von 400 Tsd. €; auf der horizontalen Achse sind die Intervallobergrenzen abgetragen)[60]**

---

[60] Z.B. beziehen knapp über 22 % der in der Studie betrachteten Vorstandsvorsitzenden eine Gesamtvergütung von nicht mehr als 400 Tsd. €, Es gibt vereinzelt Beobachtungen jenseits der oberen Grenze der hier betrachteten Bandbreite.

IV. Vorstandsvergütung 2013: Bestandsaufnahme

## 3. Branchenbetrachtung

| Branche | n | Fixum | Kurzfr. Bonus | Langfr. Bonus | Aktienb. Verg. | Gesamt |
|---|---|---|---|---|---|---|
| Automobil | 9 | 624,1 | 884,8 | 478,6 | 241,5 | 2.229,0 |
| Banken und Versicherungen | 8 | 715,4 | 298,2 | 481,3 | 641,1 | 2.136,0 |
| Grundstoffe | 4 | 356,8 | 62,9 | 355,9 | 0,0 | 775,7 |
| Chemie | 11 | 555,1 | 503,8 | 247,2 | 366,6 | 1.672,7 |
| Bauindustrie | 3 | 546,1 | 188,0 | 290,7 | 527,0 | 1.551,7 |
| Konsumgüter | 10 | 421,2 | 382,5 | 191,7 | 251,7 | 1.247,0 |
| Finanzdienstleister | 21 | 299,6 | 154,0 | 69,5 | 291,4 | 814,5 |
| Industriegüter | 56 | 344,5 | 210,8 | 69,4 | 143,7 | 768,4 |
| Medien | 5 | 575,8 | 262,9 | 15,0 | 183,8 | 1.037,5 |
| Pharma | 20 | 353,2 | 147,3 | 195,8 | 202,0 | 898,2 |
| Einzelhandel | 10 | 354,7 | 133,3 | 69,1 | 146,4 | 703,5 |
| Software | 25 | 320,4 | 175,7 | 44,5 | 190,6 | 731,3 |
| Technologie | 17 | 318,5 | 152,6 | 34,1 | 124,7 | 629,9 |
| Telekommunikation | 8 | 433,3 | 248,4 | 149,4 | 69,3 | 900,3 |
| Transport & Logistik | 6 | 681,4 | 722,7 | 215,2 | 460,8 | 2.080,0 |
| Versorger | 3 | 681,1 | 654,6 | 92,1 | 562,5 | 1.990,3 |
| *Gesamt* | 216 | 401,9 | 261,3 | 136,9 | 221,8 | 1.022,0 |

Branche = Sektor des Unternehmens gemäß Klassifizierung der Deutschen Börse
n = Anzahl der ausgewerteten Vergütungsberichte
Fixum = Festgehalt, einschließlich der Nebenleistungen (in Tsd. €)
Bonus = Erfolgsabhängige Bonusgewährungen (differenziert zwischen solchen mit kurzfristiger und solchen mit langfristiger Anreizwirkung) (in Tsd. €)
Aktienb. Vergütung = Durchschnittliche am Aktienkurs orientierte erfolgsabhängige Vergütung (in Tsd. €)

**Tabelle 6: Durchschnittliche Vergütung von regulären Vorstandsmitgliedern 2013 – Branchenbetrachtung**

| Branche | n | Fixum CEO | Kurzfr. Bonus CEO | Langfr. Bonus CEO | Aktienb. Verg. CEO | Gesamt CEO | CEO Premium (n = 216) |
|---|---|---|---|---|---|---|---|
| Automobil | 9 | 1.048,2 | 2.031,0 | 1.001,0 | 486,1 | 4.566,3 | 1,76 |
| Banken und Versicherungen | 8 | 1.190,1 | 424,8 | 811,3 | 891,0 | 3.317,1 | 1,53 |
| Grundstoffe | 4 | 579,3 | 84,8 | 513,3 | 0,0 | 1.177,3 | 1,65 |
| Chemie | 11 | 857,4 | 831,3 | 485,1 | 802,5 | 2.976,3 | 1,75 |
| Bauindustrie | 3 | 784,7 | 282,0 | 486,7 | 814,3 | 2.367,7 | 1,56 |
| Konsumgüter | 10 | 739,7 | 1.158,8 | 483,6 | 437,6 | 2.819,7 | 2,21 |
| Finanzdienstleister | 23 | 481,0 | 266,4 | 126,7 | 378,9 | 1.253,0 | 1,90 |
| Industriegüter | 59 | 488,6 | 305,6 | 80,0 | 219,7 | 1.093,9 | 1,58 |
| Medien | 5 | 1.455,8 | 837,0 | 15,0 | 704,4 | 3.012,2 | 2,90 |
| Pharma | 22 | 515,4 | 200,4 | 249,2 | 288,1 | 1.253,1 | 1,43 |
| Einzelhandel | 11 | 568,9 | 331,4 | 122,5 | 160,7 | 1.183,6 | 1,75 |
| Software | 27 | 428,9 | 301,4 | 66,7 | 273,0 | 1.070,0 | 1,37 |
| Technologie | 18 | 390,7 | 241,6 | 49,7 | 140,7 | 822,7 | 1,36 |
| Telekommunikation | 8 | 550,6 | 389,6 | 215,5 | 65,9 | 1.221,6 | 1,35 |
| Transport & Logistik | 6 | 950,3 | 439,0 | 313,0 | 708,2 | 2.410,5 | 1,45 |
| Versorger | 3 | 1.061,7 | 1.098,3 | 148,0 | 1.305,0 | 3.613,0 | 1,84 |
| *Gesamt* | 227 | 604,1 | 447,2 | 222,3 | 348,2 | 1.621,9 | 1,63 |

| | |
|---|---|
| Branche = | Sektor des Unternehmens gemäß Klassifizierung der Deutschen Börse |
| n = | Anzahl der ausgewerteten Vergütungsberichte |
| Fixum = | Festgehalt, einschließlich der Nebenleistungen (in Tsd. €) |
| Bonus = | Erfolgsabhängige Bonusgewährungen (differenziert zwischen solchen mit kurzfristiger und solchen mit langfristiger Anreizwirkung) (in Tsd. €) |
| Aktienb. Vergütung = | Durchschnittliche am Aktienkurs orientierte erfolgsabhängige Vergütung (in Tsd. €) |
| CEO premium = | Verhältnis der Gesamtbezüge des Vorstandsvorsitzenden zu den Durchschnittsbezügen der sonstigen Vorstandsmitglieder |

**Tabelle 7: Vergütung von Vorstandsvorsitzenden 2013 – Branchenbetrachtung**

## IV. Vorstandsvergütung 2013: Bestandsaufnahme

| Branche | reguläre Vorstands-mitglieder | Vorstandsvorsitzende |
|---|---|---|
| Automobil | 61,5% | 65,0% |
| Banken und Versicherungen | 60,0% | 55,2% |
| Grundstoffe | 43,0% | 44,4% |
| Chemie | 56,7% | 59,6% |
| Bauindustrie | 47,5% | 49,6% |
| Konsumgüter | 43,1% | 48,6% |
| Finanzdienstleister | 45,2% | 46,3% |
| Industriegüter | 38,6% | 38,5% |
| Medien | 39,7% | 43,2% |
| Pharma | 41,9% | 29,0% |
| Einzelhandel | 35,4% | 35,6% |
| Software | 33,9% | 32,1% |
| Technologie | 33,6% | 37,9% |
| Telekommunikation | 37,9% | 40,2% |
| Transport & Logistik | 51,7% | 48,9% |
| Versorger | 58,8% | 61,8% |
| *Gesamt* | 42,2% | 41,5% |

Branche = Sektor des Unternehmens gemäß Klassifizierung der Deutschen Börse

**Tabelle 8: Verhältnis variabler Vergütungsbestandteile zur Gesamtvergütung 2013 – Branchenbetrachtung**

## Gesamtvergütung nach Branchen 2013

(Bar chart showing Vorstandsvorsitzende and reguläre Vorstandsmitglieder compensation by industry, in Tsd. €)

- Automobil
- Versorger
- Banken und Versicherungen
- Medien
- Chemie
- Konsumgüter
- Transport & Logistik
- Bauindustrie
- Gesamt
- Pharma
- Finanzdienstleister
- Telekommunikation
- Einzelhandel
- Grundstoffe
- Industriegüter
- Software
- Technologie

■ Vorstandsvorsitzende   ▪ reguläre Vorstandsmitglieder

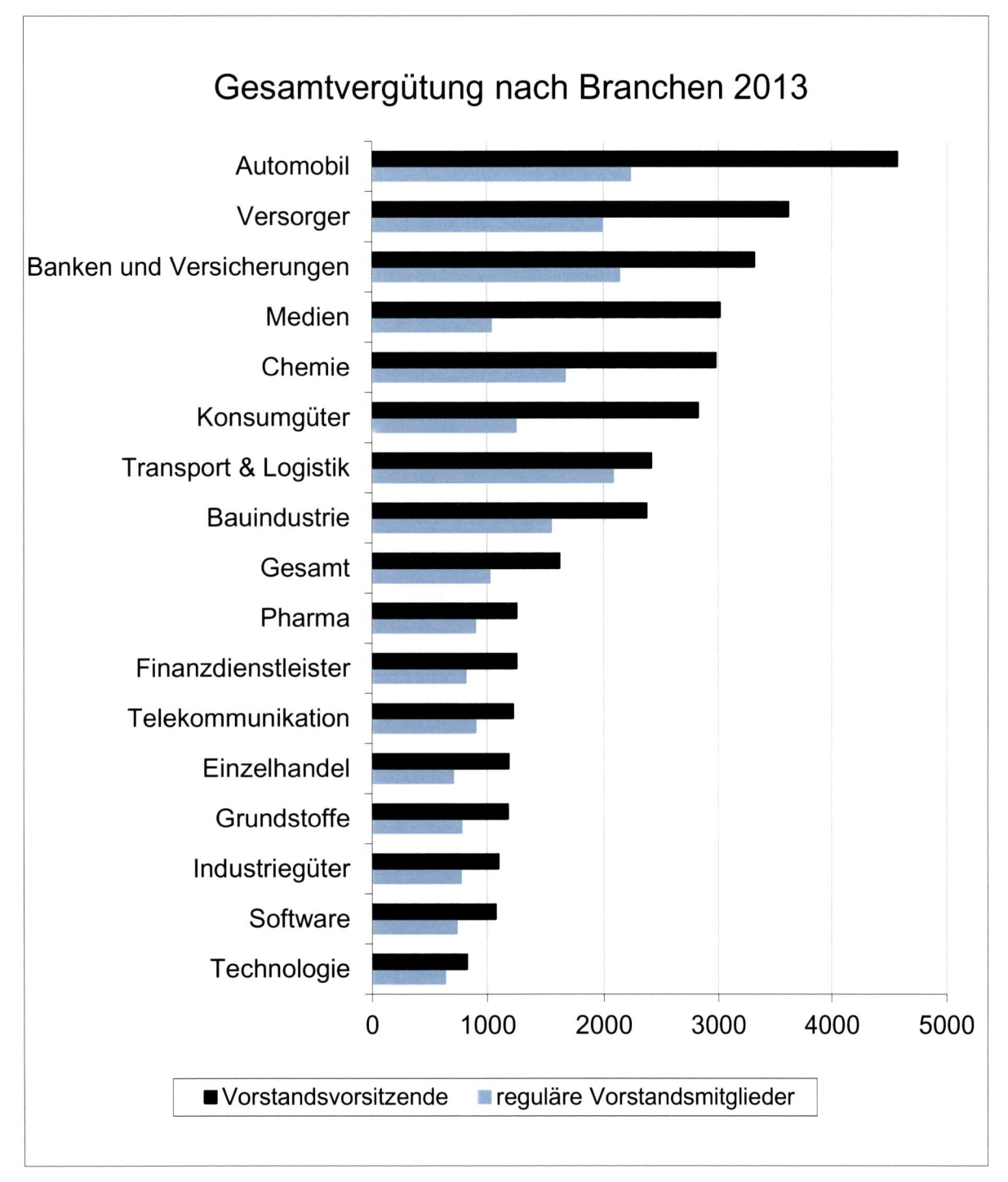

**Abbildung 4: Durchschnittliche Gesamtvergütung 2013 (in Tsd. €) – Branchenbetrachtung**

IV. Vorstandsvergütung 2013: Bestandsaufnahme

## 4. Unternehmensgröße (Bilanzsumme)

Ähnlich wie die Indexzugehörigkeit ist die Bilanzsumme eine Indikatorvariable für die Größe des Unternehmens. Insoweit unterstreichen die in Tabelle 9, Tabelle 10 und Abbildung 5 dokumentierten Ergebnisse ebenfalls die Abhängigkeit der Ausgestaltung der Vorstandsvergütung von der Unternehmensgröße.

| Bilanzsumme | n | Fixum | Kurzfr. Bonus | Langfr. Bonus | Aktienb. Verg. | Gesamt |
|---|---|---|---|---|---|---|
| ≤ 20 | 7 | 244,9 | 23,7 | 0,0 | 21,0 | 289,6 |
| 20 - 100 | 36 | 219,0 | 62,3 | 19,0 | 9,9 | 310,2 |
| 100 - 500 | 60 | 254,9 | 90,9 | 38,3 | 26,5 | 410,6 |
| 500 - 2.500 | 47 | 398,8 | 253,7 | 90,8 | 188,0 | 931,3 |
| > 2.500 | 66 | 654,3 | 555,3 | 338,2 | 560,4 | 2.108,3 |
| Gesamt | 216 | 401,9 | 261,3 | 136,9 | 221,8 | 1.022,0 |

Bilanzsumme = Bilanzsumme zum Ende des Geschäftsjahres 2013 (in Mio. €)
n = Anzahl der ausgewerteten Vergütungsberichte
Fixum = Festgehalt, einschließlich der Nebenleistungen (in Tsd. €)
Bonus = Erfolgsabhängige Bonusgewährungen (differenziert zwischen solchen mit kurzfristiger und solchen mit langfristiger Anreizwirkung) (in Tsd. €)
Aktienb. Vergütung = Durchschnittliche am Aktienkurs orientierte erfolgsabhängige Vergütung (in Tsd. €)

**Tabelle 9: Durchschnittliche Vergütung von regulären Vorstandsmitgliedern 2013 – gestaffelt nach Unternehmensgröße**

## IV. Vorstandsvergütung 2013: Bestandsaufnahme

| Bilanzsumme | n | Fixum CEO | Kurzfr. Bonus CEO | Langfr. Bonus CEO | Aktienb. Verg. CEO | Gesamt CEO | CEO Premium (n = 216) |
|---|---|---|---|---|---|---|---|
| ≤ 20 | 9 | 199,9 | 22,4 | 5,7 | 7,7 | 235,7 | 0,87 |
| 20 - 100 | 42 | 289,6 | 107,4 | 17,2 | 9,5 | 423,7 | 1,38 |
| 100 - 500 | 63 | 398,1 | 162,9 | 52,6 | 45,9 | 659,4 | 1,77 |
| 500 - 2.500 | 47 | 619,5 | 583,6 | 138,3 | 286,2 | 1.627,6 | 1,67 |
| > 2.500 | 66 | 1.045,0 | 895,8 | 604,2 | 943,0 | 3.488,0 | 1,69 |
| Gesamt | 227 | 604,1 | 447,2 | 222,3 | 348,2 | 1.621,9 | 1,63 |

Bilanzsumme = Bilanzsumme zum Ende des Geschäftsjahres 2013 (in Mio. €)
n = Anzahl der ausgewerteten Vergütungsberichte
Fixum = Festgehalt, einschließlich der Nebenleistungen (in Tsd. €)
Bonus = Erfolgsabhängige Bonusgewährungen (differenziert zwischen solchen mit kurzfristiger und solchen mit langfristiger Anreizwirkung) (in Tsd. €)
Aktienb. Vergütung = Durchschnittliche am Aktienkurs orientierte erfolgsabhängige Vergütung (in Tsd. €)
CEO premium = Verhältnis der Gesamtbezüge des Vorstandsvorsitzenden zu den Durchschnittsbezügen der sonstigen Vorstandsmitglieder

**Tabelle 10: Durchschnittliche Vergütung von Vorstandsvorsitzenden 2013 – gestaffelt nach Unternehmensgröße**

## IV. Vorstandsvergütung 2013: Bestandsaufnahme

**Komponenten der Vergütung der Vorstandsvorsitzenden 2013 nach Bilanzsumme**

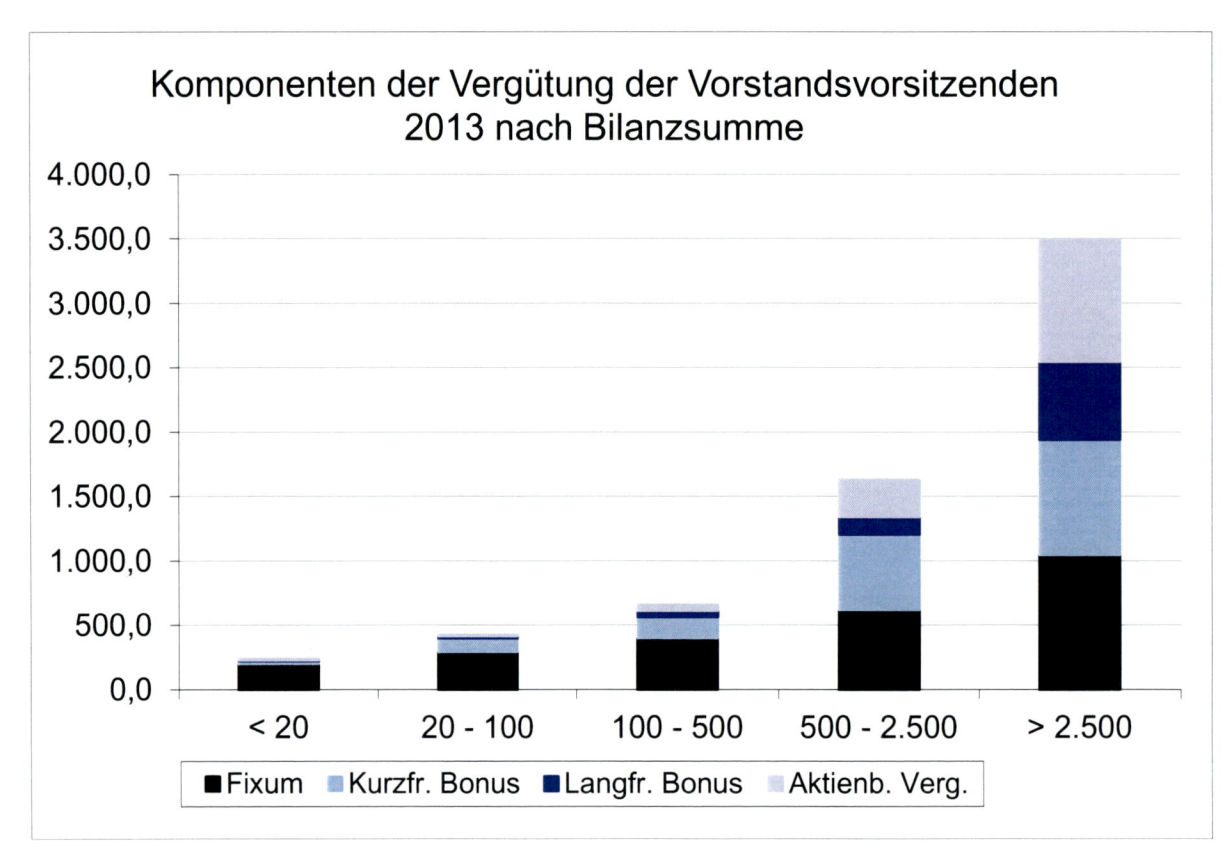

(Balkendiagramm mit Kategorien: < 20, 20 - 100, 100 - 500, 500 - 2.500, > 2.500; Legende: Fixum, Kurzfr. Bonus, Langfr. Bonus, Aktienb. Verg.)

**Abbildung 5: Zusammensetzung der durchschnittlichen Vergütung der Vorstandsvorsitzenden (in Tsd. €) – Betrachtung nach Bilanzsumme (in Mio. €)**

### 5. Vorstandsgröße

Auch die Anzahl der Vorstandsmitglieder korreliert stark mit der Unternehmensgröße. Es ist daher nicht überraschend, dass die Sortierung der Vergütung nach der Größe des Vorstandes, dokumentiert in Tabelle 11 und Tabelle 12, zu einem ähnlichen Befund kommt wie diejenige nach der Indexzugehörigkeit bzw. der Bilanzsumme.

## IV. Vorstandsvergütung 2013: Bestandsaufnahme

| Vorstände | n | Fixum | Kurzfr. Bonus | Langfr. Bonus | Aktienb. Verg. | Gesamt |
|---|---|---|---|---|---|---|
| 2 | 63 | 277,9 | 129,4 | 42,7 | 65,9 | 515,9 |
| 3 | 68 | 345,7 | 219,0 | 59,8 | 190,2 | 814,7 |
| 4 | 46 | 440,3 | 215,3 | 140,0 | 179,8 | 975,4 |
| 5 | 14 | 455,5 | 223,5 | 412,2 | 431,8 | 1.523,0 |
| 6 | 8 | 685,5 | 1.050,1 | 142,1 | 682,2 | 2.559,8 |
| ≥7 | 16 | 855,4 | 747,0 | 592,3 | 691,1 | 2.885,8 |
| Gesamt | 216 | 401,9 | 261,3 | 136,9 | 221,8 | 1.022,0 |

Vorstände = Anzahl der Vorstandsmitglieder (einschließlich Vorsitzendem)
n = Anzahl der ausgewerteten Vergütungsberichte
Fixum = Festgehalt, einschließlich der Nebenleistungen (in Tsd. €)
Bonus = Erfolgsabhängige Bonusgewährungen (in Tsd. €)
Aktienb.
Vergütung = Durchschnittliche am Aktienkurs orientierte erfolgsabhängige Vergütung (in Tsd. €)

**Tabelle 11: Durchschnittliche Vergütung von regulären Vorstandsmitgliedern 2013 – gestaffelt nach Anzahl der Vorstandsmitglieder**

| Vorstände | n | Fixum CEO | Kurzfr. Bonus CEO | Langfr. Bonus CEO | Aktienb. Verg. CEO | Gesamt CEO | CEO Premium (n = 216) |
|---|---|---|---|---|---|---|---|
| 1 | 11 | 276,3 | 70,7 | 0,0 | 5,4 | 352,4 | |
| 2 | 63 | 379,8 | 199,8 | 55,8 | 89,8 | 725,1 | 1,52 |
| 3 | 68 | 503,4 | 334,0 | 86,0 | 259,5 | 1.182,8 | 1,58 |
| 4 | 46 | 709,9 | 436,8 | 262,9 | 311,4 | 1.721,0 | 1,70 |
| 5 | 14 | 732,0 | 523,4 | 634,3 | 731,1 | 2.620,8 | 1,84 |
| 6 | 8 | 1.204,1 | 1.746,8 | 250,6 | 1.597,0 | 4.798,5 | 1,95 |
| ≥7 | 16 | 1.440,9 | 1.496,3 | 1.132,9 | 1.134,8 | 5.204,9 | 1,72 |
| Gesamt | 227 | 604,1 | 447,2 | 222,3 | 348,2 | 1.621,9 | 1,63 |

Vorstände = Anzahl der Vorstandsmitglieder (einschließlich Vorsitzendem)
n = Anzahl der ausgewerteten Vergütungsberichte
Fixum = Festgehalt, einschließlich der Nebenleistungen (in Tsd. €)
Bonus = Erfolgsabhängige Bonusgewährungen (differenziert zwischen solchen mit kurzfristiger und solchen mit langfristiger Anreizwirkung) (in Tsd. €)
Aktienb.
Vergütung = Durchschnittliche am Aktienkurs orientierte erfolgsabhängige Vergütung (in Tsd. €)
CEO premium = Verhältnis der Gesamtbezüge des Vorstandsvorsitzenden zu den Durchschnittsbezügen der sonstigen Vorstandsmitglieder

**Tabelle 12: Durchschnittliche Vergütung von Vorstandsvorsitzenden 2013 – gestaffelt nach Anzahl der Vorstandsmitglieder**

IV. Vorstandsvergütung 2013: Bestandsaufnahme

## 6. Region

Abschließend wurden die Vergütungsdaten nach den ersten Ziffern der Postleitzahlen der Hauptniederlassung der jeweiligen Unternehmen sortiert. Die Ergebnisse finden sich in Tabelle 13, Tabelle 14 sowie Abbildung 6 wieder und reflektieren zum großen Teil wirtschaftliche Ballungsräume sowie branchenspezifische Konzentrationen. Bedeutsam ist bei der Interpretation der Ergebnisse, dass vor allem die Häufung kleinerer Unternehmen in einer Region dazu führt, dass die durchschnittlichen Vorstandsgehälter hier niedriger ausfallen. Zu beachten ist außerdem, dass in dieser Auswertung diejenigen Unternehmen fehlen, die ihren Sitz nicht in Deutschland haben, obwohl sie Bestandteil eines der für die Stichprobenauswahl relevanten Aktienindizes sind.

| Region | n | Fixum | Kurzfr. Bonus | Langfr. Bonus | Aktienb. Verg. | Gesamt |
|---|---|---|---|---|---|---|
| 0 (um Leipzig) | 6 | 257,4 | 127,7 | 0,0 | 53,7 | 438,7 |
| 1 (um Berlin) | 17 | 263,8 | 105,2 | 13,7 | 23,6 | 406,3 |
| 2 (um Hamburg) | 28 | 317,4 | 135,2 | 90,4 | 36,2 | 579,2 |
| 3 (um Hannover) | 21 | 444,5 | 523,9 | 215,1 | 160,0 | 1.343,5 |
| 4 (um Dortmund) | 26 | 439,9 | 371,2 | 60,9 | 466,3 | 1.338,3 |
| 5 (um Köln) | 18 | 466,8 | 226,3 | 101,4 | 214,7 | 1.009,2 |
| 6 (um Frankfurt a. M.) | 38 | 451,7 | 229,8 | 264,8 | 354,0 | 1.300,3 |
| 7 (um Stuttgart) | 19 | 324,1 | 170,3 | 103,4 | 240,1 | 837,9 |
| 8 (um München) | 37 | 457,5 | 328,2 | 135,5 | 231,4 | 1.152,7 |
| 9 (um Nürnberg) | 6 | 412,9 | 209,7 | 307,1 | 42,2 | 971,8 |
| *Gesamt* | 216 | 401,9 | 261,3 | 136,9 | 221,8 | 1.022,0 |

| | |
|---|---|
| Region = | Erste Ziffer der Postleitzahl des Unternehmenssitzes |
| n = | Anzahl der ausgewerteten Vergütungsberichte |
| Fixum = | Festgehalt, einschließlich der Nebenleistungen (in Tsd. €) |
| Bonus = | Erfolgsabhängige Bonusgewährungen (differenziert zwischen solchen mit kurzfristiger und solchen mit langfristiger Anreizwirkung) (in Tsd. €) |
| Aktienb. Vergütung = | Durchschnittliche am Aktienkurs orientierte erfolgsabhängige Vergütung (in Tsd. €) |

**Tabelle 13: Durchschnittliche Vergütung von regulären Vorstandsmitgliedern 2013 – gestaffelt nach Regionen in Deutschland**

| Region | n | Fixum CEO | Kurzfr. Bonus CEO | Langfr. Bonus CEO | Aktienb. Verg. CEO | Gesamt CEO | CEO Premium (n = 216) |
|---|---|---|---|---|---|---|---|
| 0 (um Leipzig) | 7 | 320,7 | 146,3 | 0,0 | 110,1 | 577,1 | 1,30 |
| 1 (um Berlin) | 18 | 350,7 | 221,6 | 31,3 | 29,4 | 633,0 | 1,76 |
| 2 (um Hamburg) | 29 | 555,0 | 361,4 | 216,2 | 53,3 | 1.185,9 | 1,89 |
| 3 (um Hannover) | 22 | 650,6 | 907,3 | 409,8 | 241,6 | 2.209,3 | 1,95 |
| 4 (um Dortmund) | 27 | 637,4 | 551,8 | 89,8 | 760,3 | 2.039,3 | 1,43 |
| 5 (um Köln) | 18 | 703,2 | 439,2 | 159,8 | 252,4 | 1.554,6 | 1,50 |
| 6 (um Frankfurt a. M.) | 39 | 716,0 | 383,2 | 402,3 | 569,3 | 2.070,8 | 1,59 |
| 7 (um Stuttgart) | 20 | 469,2 | 260,0 | 178,0 | 304,3 | 1.211,5 | 1,42 |
| 8 (um München) | 41 | 654,3 | 499,4 | 166,7 | 414,8 | 1.735,2 | 1,58 |
| 9 (um Nürnberg) | 6 | 693,3 | 440,7 | 538,7 | 86,8 | 1.759,5 | 1,67 |
| Gesamt | 227 | 604,1 | 447,2 | 222,3 | 348,2 | 1.621,9 | 1,63 |

Region = Erste Ziffer der Postleitzahl des Unternehmenssitzes
n = Anzahl der ausgewerteten Vergütungsberichte
Fixum = Festgehalt, einschließlich der Nebenleistungen (in Tsd. €)
Bonus = Erfolgsabhängige Bonusgewährungen (differenziert zwischen solchen mit kurzfristiger und solchen mit langfristiger Anreizwirkung) (in Tsd. €)
Aktienb. Vergütung = Durchschnittliche am Aktienkurs orientierte erfolgsabhängige Vergütung (in Tsd. €)
CEO premium = Verhältnis der Gesamtbezüge des Vorstandsvorsitzenden zu den Durchschnittsbezügen der sonstigen Vorstandsmitglieder

Tabelle 14: Vergütung von Vorstandsvorsitzenden 2013 – gestaffelt nach Regionen in Deutschland

## IV. Vorstandsvergütung 2013: Bestandsaufnahme

**Gesamtvergütung nach Regionen 2013**

| Region | VV | regV |
|---|---|---|
| 3 (um Hannover) | ~2.220 | ~1.350 |
| 6 (um Frankfurt a. M.) | ~2.080 | ~1.300 |
| 4 (um Dortmund) | ~2.050 | ~1.330 |
| 9 (um Nürnberg) | ~1.770 | ~980 |
| 8 (um München) | ~1.750 | ~1.180 |
| 5 (um Köln) | ~1.560 | ~1.020 |
| 7 (um Stuttgart) | ~1.220 | ~850 |
| 2 (um Hamburg) | ~1.200 | ~600 |
| 1 (um Berlin) | ~650 | ~420 |
| 0 (um Leipzig) | ~580 | ~450 |

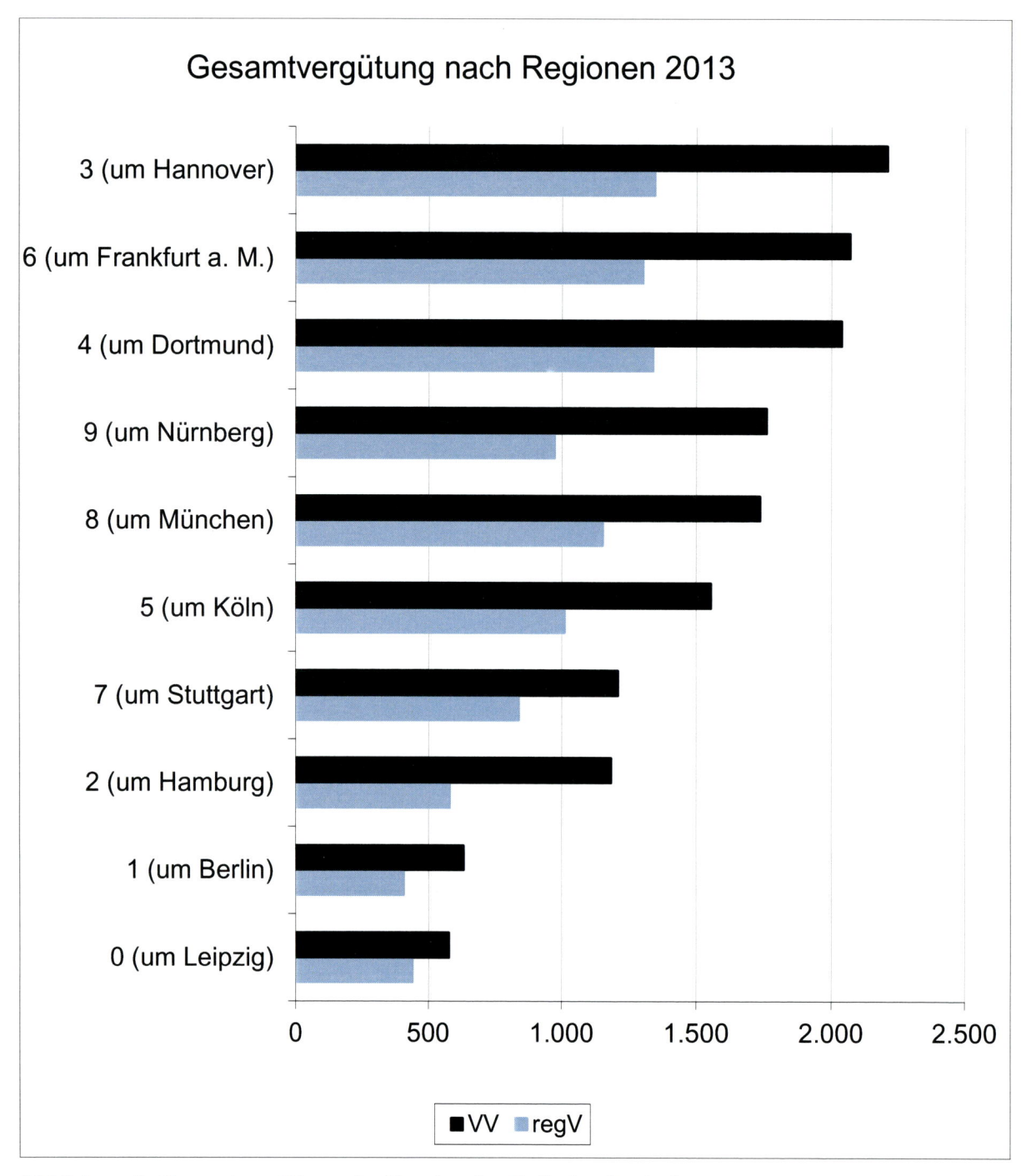

**Abbildung 6: Gesamtvergütung der Vorstandsmitglieder deutscher Unternehmen 2013 (in Tsd. €) – nach Regionen**

## V. Entwicklung der Vorstandsvergütung im Zeitablauf (2009-2013)

### 1. Gesamtbetrachtung

|  | 2009 | 2010 | 2011 | 2012 | 2013 |
|---|---|---|---|---|---|
| *Vergütung regulärer Vorstandsmitglieder* | | | | | |
| Fixum | 368,7 | 382,4 | 388,4 | 416,6 | 420,7 |
| Bonus | 302,5 | 417,8 | 428,8 | 419,1 | 420,5 |
| Aktienbasierte Vergütung | 143,5 | 177,3 | 198,0 | 188,8 | 209,2 |
| Gesamtvergütung | 814,7 | 977,5 | 1.015,2 | 1.024,4 | 1.050,4 |
| *Vergütung der Vorstandsvorsitzenden* | | | | | |
| Fixum | 530,6 | 553,8 | 581,5 | 616,6 | 642,2 |
| Bonus | 520,7 | 722,7 | 806,8 | 734,9 | 717,4 |
| Aktienbasierte Vergütung | 208,8 | 293,5 | 366,5 | 326,3 | 336,3 |
| Gesamtvergütung | 1.260,1 | 1.570,0 | 1.754,8 | 1.677,8 | 1.696,0 |
| *Unternehmensperformance* | | | | | |
| Jahresüberschuss | 177,2 | 426,1 | 412,3 | 405,7 | 361,5 |
| Eigenkapitalrendite | -0,9% | -7,6% | 8,4% | -0,1% | 8,2% |
| Aktienrendite | 43,2% | 24,0% | -31,3% | 18,1% | 27,8% |

| | |
|---|---|
| Fixum = | Durchschnittliches Festgehalt, einschließlich der Nebenleistungen (in Tsd. €) |
| Bonus = | Durchschnittliche erfolgsabhängige Bonusgewährungen (in Tsd. €) |
| Aktienbasierte Vergütung = | Durchschnittliche am Aktienkurs orientierte erfolgsabhängige Vergütung (in Tsd. €) |
| Jahresüberschuss = | Durchschnittlicher Jahresüberschuss auf Konzernebene (in Mio. €) |
| Eigenkapitalrendite = | Jahresüberschuss bezogen auf das Eigenkapital (Durchschnittswert) |
| Aktienrendite = | Rendite einer Investition in die Aktie des Unternehmens am Jahresanfang unter Berücksichtigung der Dividende, in % (Durchschnittswert) |

Tabelle 15: Durchschnittliche Vergütung und Unternehmenserfolg im Zeitvergleich – Gesamtstichprobe (alle Unternehmen, für die in allen fünf Jahren Daten zur Verfügung stehen)

## V. Entwicklung der Vorstandsvergütung im Zeitablauf (2009-2013)

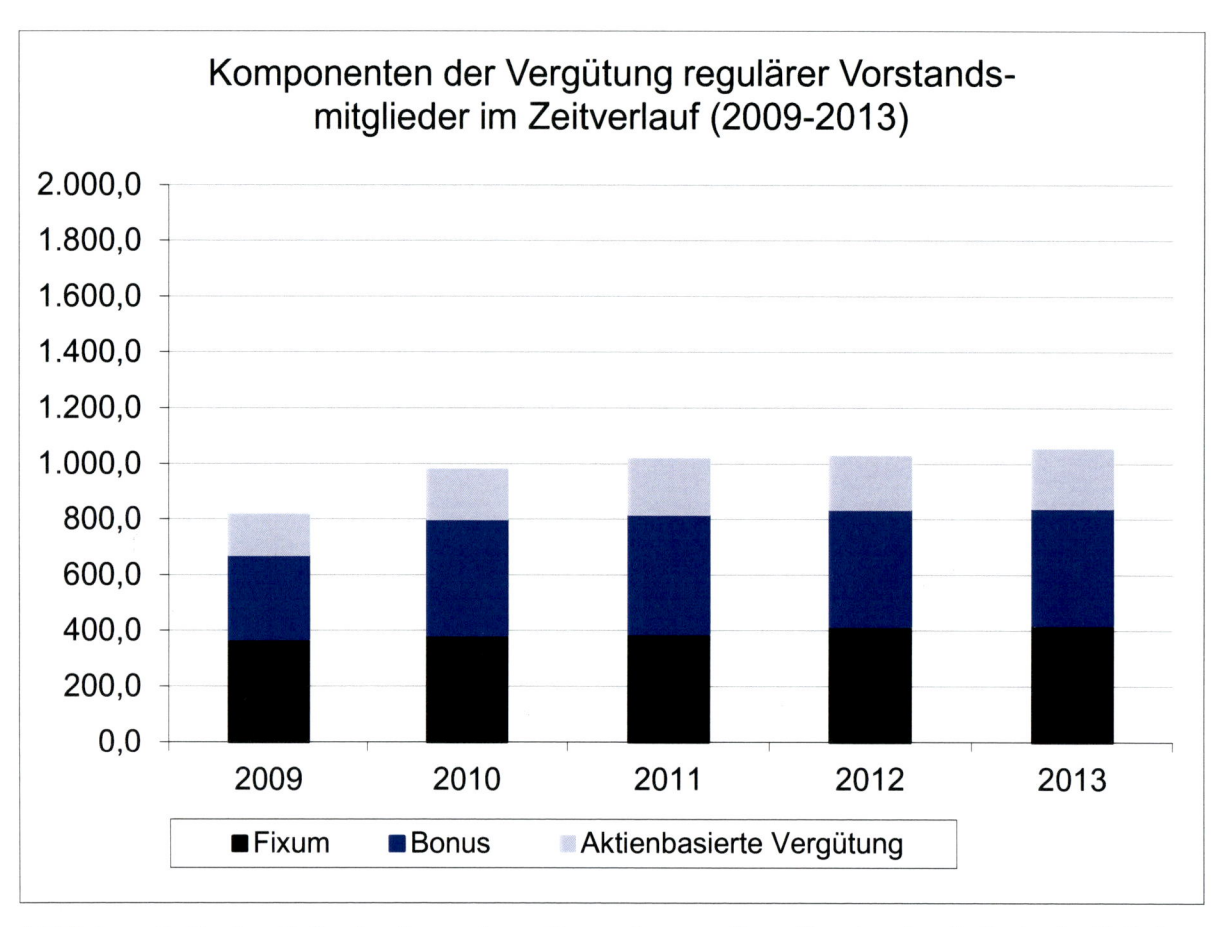

Abbildung 7: Bestandteile der Gesamtvergütung der regulären Vorstandsmitglieder im Zeitablauf (in Tsd. €)

## V. Entwicklung der Vorstandsvergütung im Zeitablauf (2009-2013)

**Komponenten der Vergütung der Vorstandsvorsitzenden im Zeitverlauf (2009-2013)**

■ Fixum ■ Bonus ▪ Aktienbasierte Vergütung

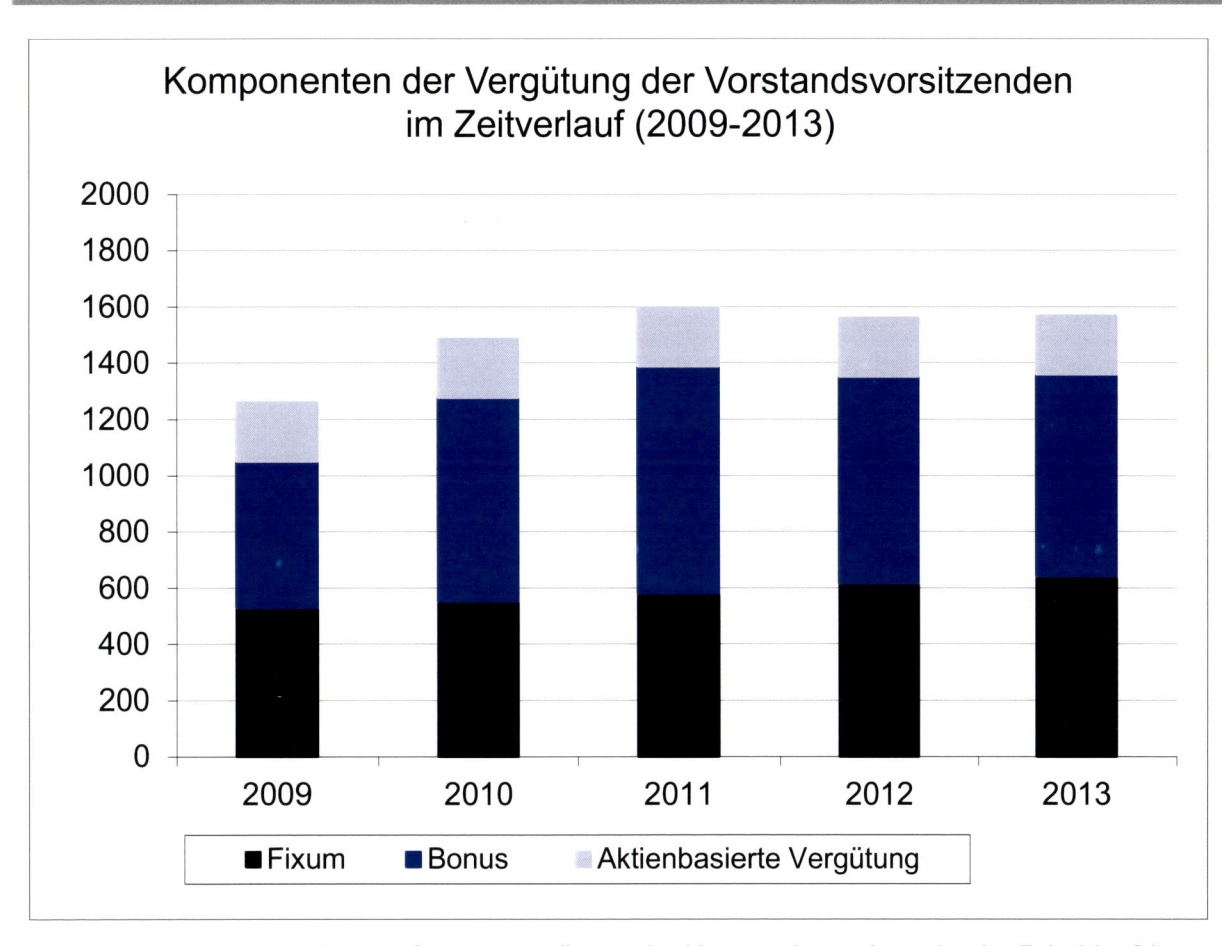

**Abbildung 8: Bestandteile der Gesamtvergütung der Vorstandsvorsitzenden im Zeitablauf (in Tsd. €)**

## 2. Indexbetrachtung

| Index | n | Gesamt 2009 | Gesamt 2010 | Gesamt 2011 | Gesamt 2012 | Gesamt 2013 |
|---|---|---|---|---|---|---|
| DAX | 28 | 1.962,5 | 2.511,2 | 2.672,7 | 2.756,8 | 2.756,4 |
| MDAX | 30 | 1.039,9 | 1.300,2 | 1.323,5 | 1.315,0 | 1.491,8 |
| TecDAX | 18 | 767,1 | 709,6 | 915,4 | 672,8 | 774,7 |
| SDAX | 24 | 541,0 | 629,8 | 629,7 | 661,8 | 619,0 |
| Sonstige | 65 | 330,5 | 370,5 | 328,9 | 375,3 | 347,4 |
| Gesamt | 165 | 814,7 | 977,5 | 1.015,2 | 1.024,4 | 1.050,4 |

Index = Börsenindex
n = Anzahl der ausgewerteten Vergütungsberichte
Gesamt = Durchschnittliche Gesamtvergütung (in Tsd. €)

**Tabelle 16: Durchschnittliche Gesamtvergütung der regulären Vorstandsmitglieder im Zeitvergleich – Indexbetrachtung**

| Index | n | Gesamt CEO 2009 | Gesamt CEO 2010 | Gesamt CEO 2011 | Gesamt CEO 2012 | Gesamt CEO 2013 |
|---|---|---|---|---|---|---|
| DAX | 28 | 3.698,5 | 4.575,3 | 5.134,4 | 5.134,7 | 5.107,5 |
| MDAX | 30 | 1.719,6 | 2.273,1 | 2.340,7 | 2.355,9 | 2.411,2 |
| TecDAX | 19 | 996,7 | 1.174,2 | 1.811,3 | 1.154,5 | 1.210,5 |
| SDAX | 26 | 789,0 | 888,1 | 1.156,7 | 992,2 | 992,7 |
| Sonstige | 75 | 396,0 | 503,5 | 451,8 | 486,1 | 503,1 |
| Gesamt | 178 | 1.260,1 | 1.570,0 | 1.754,8 | 1.677,8 | 1.696,0 |

Index = Börsenindex
n = Anzahl der ausgewerteten Vergütungsberichte
Gesamt = Durchschnittliche Gesamtvergütung (in Tsd. €)

**Tabelle 17: Durchschnittliche Gesamtvergütung der Vorstandsvorsitzenden im Zeitvergleich – Indexbetrachtung**

## V. Entwicklung der Vorstandsvergütung im Zeitablauf (2009-2013)

| Index | n | Fixum 2009 | Fixum 2010 | Fixum 2011 | Fixum 2012 | Fixum 2013 |
|---|---|---|---|---|---|---|
| DAX | 28 | 674,6 | 743,9 | 744,4 | 812,3 | 836,6 |
| MDAX | 30 | 488,0 | 510,2 | 507,2 | 517,7 | 545,1 |
| TecDAX | 18 | 265,1 | 270,3 | 288,2 | 310,6 | 333,9 |
| SDAX | 24 | 295,0 | 321,8 | 332,5 | 338,3 | 325,6 |
| Sonstige | 65 | 237,8 | 221,2 | 228,6 | 257,7 | 243,4 |
| Gesamt | 165 | 368,7 | 382,4 | 388,4 | 416,6 | 420,7 |

Index = Börsenindex
n = Anzahl der ausgewerteten Vergütungsberichte
Fixum = Durchschnittliches Festgehalt, einschließlich der Nebenleistungen (in Tsd.€)

**Tabelle 18: Durchschnittliches Fixgehalt der regulären Vorstandsmitglieder im Zeitvergleich – Indexbetrachtung**

| Index | n | Fixum CEO 2009 | Fixum CEO 2010 | Fixum CEO 2011 | Fixum CEO 2012 | Fixum CEO 2013 |
|---|---|---|---|---|---|---|
| DAX | 28 | 1.215,8 | 1.328,3 | 1.354,5 | 1.384,9 | 1.407,5 |
| MDAX | 30 | 724,9 | 700,4 | 765,7 | 833,0 | 866,0 |
| TecDAX | 19 | 351,8 | 381,5 | 409,1 | 423,3 | 459,5 |
| SDAX | 26 | 422,0 | 438,5 | 477,8 | 514,7 | 530,2 |
| Sonstige | 75 | 279,9 | 289,6 | 298,9 | 327,6 | 352,1 |
| Gesamt | 178 | 530,6 | 553,8 | 581,5 | 616,6 | 642,2 |

Index = Börsenindex
n = Anzahl der ausgewerteten Vergütungsberichte
Fixum = Durchschnittliches Festgehalt, einschließlich der Nebenleistungen (in Tsd. €)

**Tabelle 19: Durchschnittliches Fixgehalt der Vorstandsvorsitzenden im Zeitvergleich – Indexbetrachtung**

## V. Entwicklung der Vorstandsvergütung im Zeitablauf (2009-2013)

| Index | n | Bonus 2009 | Bonus 2010 | Bonus 2011 | Bonus 2012 | Bonus 2013 |
|---|---|---|---|---|---|---|
| DAX | 28 | 796,6 | 1.193,4 | 1.289,3 | 1.250,8 | 1.221,5 |
| MDAX | 30 | 418,5 | 560,9 | 548,8 | 558,6 | 659,2 |
| TecDAX | 18 | 275,8 | 341,6 | 342,2 | 246,7 | 245,9 |
| SDAX | 24 | 202,7 | 263,2 | 251,3 | 270,8 | 212,2 |
| Sonstige | 65 | 80,3 | 95,8 | 92,1 | 98,9 | 90,5 |
| *Gesamt* | 165 | 302,5 | 417,8 | 428,8 | 419,1 | 420,5 |

Index = Börsenindex
n = Anzahl der ausgewerteten Vergütungsberichte
Bonus = Erfolgsabhängige Bonusgewährungen (in Tsd. €)

**Tabelle 20: Durchschnittlicher Bonus der regulären Vorstandsmitglieder im Zeitvergleich – Indexbetrachtung**

| Index | n | Bonus CEO 2009 | Bonus CEO 2010 | Bonus CEO 2011 | Bonus CEO 2012 | Bonus CEO 2013 |
|---|---|---|---|---|---|---|
| DAX | 28 | 1.577,7 | 2.260,5 | 2.608,7 | 2.402,5 | 2.404,5 |
| MDAX | 30 | 808,9 | 1.098,6 | 1.218,8 | 1.087,3 | 1.030,9 |
| TecDAX | 19 | 433,0 | 609,8 | 654,6 | 531,9 | 493,2 |
| SDAX | 26 | 320,0 | 405,1 | 428,0 | 421,1 | 381,2 |
| Sonstige | 75 | 102,7 | 137,1 | 139,1 | 131,4 | 135,6 |
| *Gesamt* | 178 | 520,7 | 722,7 | 806,8 | 734,9 | 717,4 |

Index = Börsenindex
n = Anzahl der ausgewerteten Vergütungsberichte
Bonus = Erfolgsabhängige Bonusgewährungen (in Tsd. €)

**Tabelle 21: Durchschnittlicher Bonus der Vorstandsvorsitzenden im Zeitvergleich – Indexbetrachtung**

## V. Entwicklung der Vorstandsvergütung im Zeitablauf (2009-2013)

| Index | n | Aktienb. Verg. 2009 | Aktienb. Verg. 2010 | Aktienb. Verg. 2011 | Aktienb. Verg. 2012 | Aktienb. Verg. 2013 |
|---|---|---|---|---|---|---|
| DAX | 28 | 491,2 | 573,9 | 639,0 | 693,7 | 698,4 |
| MDAX | 30 | 133,4 | 229,1 | 267,5 | 238,7 | 287,5 |
| TecDAX | 18 | 226,3 | 97,7 | 285,0 | 115,4 | 194,9 |
| SDAX | 24 | 43,3 | 44,9 | 45,9 | 52,8 | 81,2 |
| Sonstige | 65 | 12,5 | 53,5 | 8,1 | 18,7 | 13,5 |
| *Gesamt* | 165 | 143,5 | 177,3 | 198,0 | 188,8 | 209,2 |

Index = Börsenindex
n = Anzahl der ausgewerteten Vergütungsberichte
Aktienb. Vergütung = Durchschnittliche am Aktienkurs orientierte erfolgsabhängige Vergütung (in Tsd. €)

**Tabelle 22: Durchschnittliche aktienbasierte Vergütungsbestandteile der regulären Vorstandsmitglieder im Zeitvergleich – Indexbetrachtung**

| Index | n | Aktienb. Verg. CEO 2009 | Aktienb. Verg. CEO 2010 | Aktienb. Verg. CEO 2011 | Aktienb. Verg. CEO 2012 | Aktienb. Verg. CEO 2013 |
|---|---|---|---|---|---|---|
| DAX | 28 | 905,0 | 986,5 | 1.171,2 | 1.347,3 | 1.295,5 |
| MDAX | 30 | 185,8 | 474,1 | 356,3 | 435,6 | 514,2 |
| TecDAX | 19 | 211,9 | 182,9 | 747,6 | 199,3 | 257,8 |
| SDAX | 26 | 46,9 | 44,5 | 250,8 | 56,4 | 81,2 |
| Sonstige | 75 | 13,5 | 76,8 | 13,8 | 27,1 | 15,4 |
| *Gesamt* | 178 | 208,8 | 293,5 | 366,5 | 326,3 | 336,3 |

Index = Börsenindex
n = Anzahl der ausgewerteten Vergütungsberichte
Aktienb. Vergütung = Durchschnittliche am Aktienkurs orientierte erfolgsabhängige Vergütung (in Tsd. €)

**Tabelle 23: Durchschnittliche aktienbasierte Vergütungsbestandteile der Vorstandsvorsitzenden im Zeitvergleich – Indexbetrachtung**

## 3. Branche

| Branche | n | Gesamt 2009 | Gesamt 2010 | Gesamt 2011 | Gesamt 2012 | Gesamt 2013 |
|---|---|---|---|---|---|---|
| Automobil | 8 | 1.102,2 | 1.878,2 | 2.492,9 | 2.297,6 | 2.445,1 |
| Banken und Versicherungen | 6 | 1.788,2 | 2.094,1 | 2.012,0 | 2.194,9 | 2.458,8 |
| Grundstoffe | 3 | 568,9 | 1.560,9 | 753,5 | 889,3 | 695,9 |
| Chemie | 10 | 1.237,2 | 1.770,9 | 1.748,5 | 1.758,4 | 1.514,3 |
| Bauindustrie | 3 | 1.503,8 | 1.529,2 | 925,1 | 1.495,4 | 1.551,7 |
| Konsumgüter | 5 | 1.267,9 | 1.393,5 | 1.663,1 | 1.710,6 | 1.737,2 |
| Finanzdienstleister | 16 | 535,5 | 621,9 | 616,0 | 670,2 | 651,2 |
| Industriegüter | 42 | 565,7 | 725,7 | 739,5 | 733,6 | 770,2 |
| Medien | 5 | 571,1 | 723,9 | 730,7 | 762,0 | 1.037,5 |
| Pharma | 18 | 619,4 | 633,9 | 680,7 | 711,4 | 672,3 |
| Einzelhandel | 7 | 857,4 | 934,5 | 840,3 | 778,7 | 776,1 |
| Software | 20 | 719,4 | 646,3 | 854,7 | 764,2 | 792,9 |
| Technologie | 8 | 594,4 | 787,3 | 809,7 | 535,6 | 579,9 |
| Telekommunikation | 5 | 779,1 | 605,6 | 792,0 | 740,2 | 798,9 |
| Transport & Logistik | 6 | 1.325,8 | 1.626,1 | 1.531,3 | 1.648,1 | 2.080,0 |
| Versorger | 3 | 2.205,9 | 1.914,7 | 1.743,7 | 2.475,2 | 1.990,3 |
| *Gesamt* | 165 | 814,7 | 977,5 | 1.015,2 | 1.024,4 | 1.050,4 |

Branche = Sektor des Unternehmens gemäß Klassifizierung der Deutschen Börse
n = Anzahl der ausgewerteten Vergütungsberichte
Gesamt = Durchschnittliche Gesamtvergütung (in Tsd. €)

**Tabelle 24: Durchschnittliche Gesamtvergütung der regulären Vorstandsmitglieder im Zeitvergleich – Branchenbetrachtung**

## V. Entwicklung der Vorstandsvergütung im Zeitablauf (2009-2013)

| Branche | n | Gesamt CEO 2009 | Gesamt CEO 2010 | Gesamt CEO 2011 | Gesamt CEO 2012 | Gesamt CEO 2013 |
|---|---|---|---|---|---|---|
| Automobil | 8 | 2.296,2 | 3.598,5 | 5.109,8 | 4.786,5 | 5.066,3 |
| Banken und Versicherungen | 6 | 3.233,8 | 3.451,3 | 3.698,2 | 3.379,8 | 3.888,7 |
| Grundstoffe | 3 | 860,3 | 2.493,3 | 1.328,3 | 1.323,0 | 1.184,7 |
| Chemie | 10 | 2.227,0 | 2.948,7 | 3.076,9 | 3.138,8 | 2.815,0 |
| Bauindustrie | 3 | 2.128,7 | 2.469,0 | 1.540,2 | 1.750,0 | 2.367,7 |
| Konsumgüter | 5 | 2.318,0 | 2.906,0 | 3.428,6 | 3.996,2 | 3.905,2 |
| Finanzdienstleister | 17 | 715,6 | 849,9 | 848,8 | 918,6 | 1.069,4 |
| Industriegüter | 46 | 858,3 | 1.094,4 | 1.289,2 | 1.091,2 | 1.066,1 |
| Medien | 5 | 1.685,9 | 2.142,2 | 1.617,8 | 2.629,6 | 3.012,2 |
| Pharma | 20 | 889,2 | 962,2 | 1.062,0 | 1.076,5 | 1.003,4 |
| Einzelhandel | 9 | 1.284,3 | 1.458,3 | 1.351,3 | 1.374,3 | 1.336,4 |
| Software | 22 | 860,3 | 1.021,7 | 1.547,7 | 1.252,9 | 1.170,8 |
| Technologie | 10 | 712,0 | 1.027,4 | 1.111,9 | 783,4 | 822,9 |
| Telekommunikation | 5 | 1.119,1 | 1.108,4 | 1.321,2 | 1.259,6 | 1.206,0 |
| Transport & Logistik | 6 | 1.751,3 | 2.217,8 | 2.332,0 | 2.428,3 | 2.410,5 |
| Versorger | 3 | 4.043,3 | 3.863,3 | 3.926,7 | 3.453,3 | 3.613,0 |
| Gesamt | 178 | 1.260,1 | 1.570,0 | 1.754,8 | 1.677,8 | 1.696,0 |

Branche = Sektor des Unternehmens gemäß Klassifizierung der Deutschen Börse
n = Anzahl der ausgewerteten Vergütungsberichte
Gesamt = Durchschnittliche Gesamtvergütung (in Tsd. €)

**Tabelle 25: Durchschnittliche Gesamtvergütung der Vorstandsvorsitzenden im Zeitvergleich – Branchenbetrachtung**

## V. Entwicklung der Vorstandsvergütung im Zeitablauf (2009-2013)

| Branche | n | Fixum 2009 | Fixum 2010 | Fixum 2011 | Fixum 2012 | Fixum 2013 |
|---|---|---|---|---|---|---|
| Automobil | 8 | 508,2 | 552,0 | 565,8 | 616,0 | 657,3 |
| Banken und Versicherungen | 6 | 558,0 | 664,6 | 670,3 | 794,8 | 794,6 |
| Grundstoffe | 3 | 329,8 | 324,0 | 339,8 | 372,3 | 380,4 |
| Chemie | 10 | 496,2 | 550,1 | 523,8 | 542,4 | 546,4 |
| Bauindustrie | 3 | 415,2 | 393,1 | 475,3 | 548,3 | 546,1 |
| Konsumgüter | 5 | 453,3 | 491,1 | 514,9 | 535,1 | 544,5 |
| Finanzdienstleister | 16 | 331,0 | 293,5 | 319,2 | 335,8 | 302,4 |
| Industriegüter | 42 | 316,3 | 322,4 | 325,0 | 359,0 | 354,7 |
| Medien | 5 | 408,7 | 548,9 | 475,3 | 505,4 | 575,8 |
| Pharma | 18 | 285,2 | 305,8 | 319,8 | 328,1 | 315,6 |
| Einzelhandel | 7 | 362,5 | 374,0 | 390,4 | 380,6 | 378,2 |
| Software | 20 | 284,1 | 273,1 | 275,2 | 293,2 | 319,8 |
| Technologie | 8 | 313,4 | 323,4 | 315,8 | 308,8 | 360,5 |
| Telekommunikation | 5 | 389,4 | 347,0 | 349,2 | 385,8 | 415,9 |
| Transport & Logistik | 6 | 590,3 | 635,2 | 670,0 | 655,2 | 681,4 |
| Versorger | 3 | 661,3 | 630,8 | 621,2 | 810,5 | 681,1 |
| *Gesamt* | 165 | 368,7 | 382,4 | 388,4 | 416,6 | 420,7 |

Branche = Sektor des Unternehmens gemäß Klassifizierung der Deutschen Börse
n = Anzahl der ausgewerteten Vergütungsberichte
Fixum = Durchschnittliches Festgehalt, einschließlich der Nebenleistungen (in Tsd. €)

**Tabelle 26: Durchschnittliches Fixgehalt der regulären Vorstandsmitglieder im Zeitvergleich – Branchenbetrachtung**

| Branche | n | Fixum CEO 2009 | Fixum CEO 2010 | Fixum CEO 2011 | Fixum CEO 2012 | Fixum CEO 2013 |
|---|---|---|---|---|---|---|
| Automobil | 8 | 857,7 | 883,6 | 1.036,8 | 1.110,1 | 1.139,6 |
| Banken und Versicherungen | 6 | 808,2 | 964,2 | 989,3 | 1.284,5 | 1.375,2 |
| Grundstoffe | 3 | 500,7 | 533,3 | 540,7 | 626,7 | 677,7 |
| Chemie | 10 | 830,2 | 934,6 | 916,7 | 840,3 | 847,7 |
| Bauindustrie | 3 | 615,0 | 643,7 | 599,9 | 622,0 | 784,7 |
| Konsumgüter | 5 | 720,0 | 765,0 | 780,0 | 960,4 | 993,2 |
| Finanzdienstleister | 17 | 382,5 | 398,8 | 418,6 | 424,8 | 504,2 |
| Industriegüter | 46 | 446,2 | 428,7 | 474,4 | 490,0 | 484,8 |
| Medien | 5 | 1.003,3 | 813,2 | 859,4 | 1.337,4 | 1.455,8 |
| Pharma | 20 | 400,4 | 427,4 | 436,6 | 470,4 | 480,0 |
| Einzelhandel | 9 | 509,1 | 539,0 | 571,3 | 628,2 | 635,8 |
| Software | 22 | 318,8 | 374,5 | 386,2 | 404,4 | 425,1 |
| Technologie | 10 | 390,2 | 456,6 | 422,1 | 408,7 | 455,2 |
| Telekommunikation | 5 | 537,6 | 556,2 | 554,0 | 602,0 | 571,2 |
| Transport & Logistik | 6 | 816,5 | 864,0 | 966,7 | 983,7 | 950,3 |
| Versorger | 3 | 1.448,7 | 1.429,0 | 1.463,3 | 939,7 | 1.061,7 |
| Gesamt | 178 | 530,6 | 553,8 | 581,5 | 616,6 | 642,2 |

Branche = Sektor des Unternehmens gemäß Klassifizierung der Deutschen Börse
n = Anzahl der ausgewerteten Vergütungsberichte
Fixum = Durchschnittliches Festgehalt, einschließlich der Nebenleistungen (in Tsd. €)

Tabelle 27: Durchschnittliches Fixgehalt der Vorstandsvorsitzenden im Zeitvergleich – Branchenbetrachtung

## V. Entwicklung der Vorstandsvergütung im Zeitablauf (2009-2013)

| Branche | n | Bonus 2009 | Bonus 2010 | Bonus 2011 | Bonus 2012 | Bonus 2013 |
|---|---|---|---|---|---|---|
| Automobil | 8 | 488,5 | 1.088,3 | 1.592,0 | 1.348,3 | 1.516,2 |
| Banken und Versicherungen | 6 | 555,0 | 842,2 | 792,6 | 868,3 | 856,3 |
| Grundstoffe | 3 | 226,4 | 385,8 | 367,0 | 325,9 | 315,5 |
| Chemie | 10 | 505,8 | 895,6 | 856,9 | 839,3 | 617,0 |
| Bauindustrie | 3 | 399,3 | 500,3 | 21,7 | 682,2 | 478,7 |
| Konsumgüter | 5 | 605,3 | 557,5 | 954,9 | 964,5 | 946,8 |
| Finanzdienstleister | 16 | 154,1 | 247,5 | 218,3 | 250,8 | 239,3 |
| Industriegüter | 42 | 187,0 | 303,3 | 276,6 | 245,1 | 292,9 |
| Medien | 5 | 162,4 | 166,8 | 212,2 | 216,6 | 277,9 |
| Pharma | 18 | 246,4 | 220,9 | 220,0 | 232,2 | 200,9 |
| Einzelhandel | 7 | 408,0 | 497,2 | 388,1 | 267,7 | 206,8 |
| Software | 20 | 304,3 | 246,4 | 309,7 | 276,0 | 266,4 |
| Technologie | 8 | 189,0 | 402,8 | 449,6 | 181,7 | 162,3 |
| Telekommunikation | 5 | 212,2 | 214,7 | 218,6 | 326,8 | 349,6 |
| Transport & Logistik | 6 | 434,7 | 673,3 | 503,7 | 576,0 | 937,9 |
| Versorger | 3 | 1.006,9 | 839,5 | 664,3 | 1.134,9 | 746,7 |
| *Gesamt* | 165 | 302,5 | 417,8 | 428,8 | 419,1 | 420,5 |

Branche = Sektor des Unternehmens gemäß Klassifizierung der Deutschen Börse
n = Anzahl der ausgewerteten Vergütungsberichte
Bonus = Erfolgsabhängige Bonusgewährungen (in Tsd. €)

**Tabelle 28: Durchschnittlicher Bonus der regulären Vorstandsmitglieder im Zeitvergleich – Branchenbetrachtung**

## V. Entwicklung der Vorstandsvergütung im Zeitablauf (2009-2013)

| Branche | n | Bonus CEO 2009 | Bonus CEO 2010 | Bonus CEO 2011 | Bonus CEO 2012 | Bonus CEO 2013 |
|---|---|---|---|---|---|---|
| Automobil | 8 | 1.071,9 | 2.247,9 | 3.314,9 | 2.905,2 | 3.379,8 |
| Banken und Versicherungen | 6 | 898,7 | 1.457,8 | 1.670,0 | 1.358,9 | 1.399,3 |
| Grundstoffe | 3 | 349,3 | 596,7 | 633,3 | 474,3 | 507,0 |
| Chemie | 10 | 928,3 | 1.439,7 | 1.552,6 | 1.527,2 | 1.187,3 |
| Bauindustrie | 3 | 609,7 | 833,7 | 509,1 | 610,3 | 768,7 |
| Konsumgüter | 5 | 1.252,4 | 1.568,2 | 2.374,8 | 2.663,0 | 2.489,6 |
| Finanzdienstleister | 17 | 268,1 | 355,2 | 323,6 | 388,7 | 450,3 |
| Industriegüter | 46 | 294,6 | 492,9 | 458,3 | 373,3 | 386,1 |
| Medien | 5 | 682,6 | 540,2 | 593,4 | 725,0 | 852,0 |
| Pharma | 20 | 372,6 | 386,5 | 413,3 | 378,8 | 299,0 |
| Einzelhandel | 9 | 697,3 | 849,9 | 740,7 | 577,0 | 525,8 |
| Software | 22 | 473,5 | 427,1 | 545,6 | 502,9 | 438,6 |
| Technologie | 10 | 242,9 | 493,7 | 636,0 | 313,6 | 266,1 |
| Telekommunikation | 5 | 412,1 | 426,4 | 479,0 | 604,2 | 634,8 |
| Transport & Logistik | 6 | 568,3 | 937,5 | 803,5 | 942,2 | 752,0 |
| Versorger | 3 | 2.245,0 | 2.169,7 | 2.059,3 | 1.506,7 | 1.246,3 |
| Gesamt | 178 | 520,7 | 722,7 | 806,8 | 734,9 | 717,4 |

Branche = Sektor des Unternehmens gemäß Klassifizierung der Deutschen Börse
n = Anzahl der ausgewerteten Vergütungsberichte
Bonus = Erfolgsabhängige Bonusgewährungen (in Tsd. €)

**Tabelle 29: Durchschnittlicher Bonus der Vorstandsvorsitzenden im Zeitvergleich – Branchenbetrachtung**

## V. Entwicklung der Vorstandsvergütung im Zeitablauf (2009-2013)

| Branche | n | Aktienb. Verg. 2009 | Aktienb. Verg. 2010 | Aktienb. Verg. 2011 | Aktienb. Verg. 2012 | Aktienb. Verg. 2013 |
|---|---|---|---|---|---|---|
| Automobil | 8 | 105,5 | 238,0 | 335,2 | 333,3 | 271,7 |
| Banken und Versicherungen | 6 | 675,3 | 587,3 | 549,0 | 531,8 | 807,8 |
| Grundstoffe | 3 | 12,8 | 851,1 | 46,8 | 191,1 | 0,0 |
| Chemie | 10 | 235,3 | 325,1 | 367,9 | 376,7 | 350,9 |
| Bauindustrie | 3 | 689,3 | 635,7 | 428,1 | 265,0 | 527,0 |
| Konsumgüter | 5 | 209,2 | 344,9 | 193,4 | 211,0 | 245,9 |
| Finanzdienstleister | 16 | 50,4 | 80,9 | 78,5 | 83,6 | 109,6 |
| Industriegüter | 42 | 62,4 | 100,0 | 138,0 | 129,5 | 122,6 |
| Medien | 5 | 0,0 | 8,2 | 43,2 | 40,0 | 183,8 |
| Pharma | 18 | 87,9 | 107,1 | 140,9 | 151,1 | 155,9 |
| Einzelhandel | 7 | 86,9 | 63,4 | 61,9 | 130,5 | 191,0 |
| Software | 20 | 131,0 | 126,8 | 269,8 | 195,0 | 206,8 |
| Technologie | 8 | 92,1 | 61,0 | 44,3 | 45,1 | 57,1 |
| Telekommunikation | 5 | 177,4 | 43,9 | 224,2 | 27,5 | 33,4 |
| Transport & Logistik | 6 | 300,9 | 317,6 | 357,6 | 416,9 | 460,8 |
| Versorger | 3 | 537,7 | 444,4 | 458,2 | 529,8 | 562,5 |
| *Gesamt* | 165 | 143,5 | 177,3 | 198,0 | 188,8 | 209,2 |

Branche = Sektor des Unternehmens gemäß Klassifizierung der Deutschen Börse
n = Anzahl der ausgewerteten Vergütungsberichte
Aktienb. Vergütung = Durchschnittliche am Aktienkurs orientierte erfolgsabhängige Vergütung (in Tsd. €)

**Tabelle 30: Durchschnittliche aktienbasierte Vergütungsbestandteile der regulären Vorstandsmitglieder im Zeitvergleich – Branchenbetrachtung**

## V. Entwicklung der Vorstandsvergütung im Zeitablauf (2009-2013)

| Branche | n | Aktienb. Verg. CEO 2009 | Aktienb. Verg. CEO 2010 | Aktienb. Verg. CEO 2011 | Aktienb. Verg. CEO 2012 | Aktienb. Verg. CEO 2013 |
|---|---|---|---|---|---|---|
| Automobil | 8 | 366,6 | 467,0 | 758,1 | 771,2 | 546,9 |
| Banken und Versicherungen | 6 | 1.527,0 | 1.029,3 | 1.038,8 | 736,3 | 1.114,2 |
| Grundstoffe | 3 | 10,3 | 1.363,3 | 154,3 | 222,0 | 0,0 |
| Chemie | 10 | 468,5 | 574,4 | 607,6 | 771,3 | 780,0 |
| Bauindustrie | 3 | 904,0 | 991,7 | 431,1 | 517,7 | 814,3 |
| Konsumgüter | 5 | 345,6 | 572,8 | 273,8 | 372,8 | 422,4 |
| Finanzdienstleister | 17 | 65,1 | 96,0 | 106,5 | 105,1 | 114,9 |
| Industriegüter | 46 | 117,6 | 172,8 | 356,5 | 227,9 | 195,1 |
| Medien | 5 | 0,0 | 788,8 | 165,0 | 567,2 | 704,4 |
| Pharma | 20 | 116,2 | 148,4 | 212,2 | 227,4 | 224,4 |
| Einzelhandel | 9 | 77,9 | 69,4 | 39,3 | 169,1 | 174,8 |
| Software | 22 | 68,0 | 220,1 | 615,9 | 345,6 | 307,1 |
| Technologie | 10 | 78,9 | 77,1 | 53,8 | 61,1 | 101,6 |
| Telekommunikation | 5 | 169,4 | 125,8 | 288,2 | 53,4 | 0,0 |
| Transport & Logistik | 6 | 366,5 | 416,3 | 561,8 | 502,5 | 708,2 |
| Versorger | 3 | 349,7 | 264,7 | 404,0 | 1.007,0 | 1.305,0 |
| *Gesamt* | 178 | 208,8 | 293,5 | 366,5 | 326,3 | 336,3 |

Branche = Sektor des Unternehmens gemäß Klassifizierung der Deutschen Börse
n = Anzahl der ausgewerteten Vergütungsberichte
Aktienb. Vergütung = Durchschnittliche am Aktienkurs orientierte erfolgsabhängige Vergütung (in Tsd. €)

**Tabelle 31: Durchschnittliche aktienbasierte Vergütungsbestandteile der Vorstandsvorsitzenden im Zeitvergleich – Branchenbetrachtung**

V. Entwicklung der Vorstandsvergütung im Zeitablauf (2009-2013)

## 4. Bilanzsumme

| Bilanzsumme | n | Gesamt 2009 | Gesamt 2010 | Gesamt 2011 | Gesamt 2012 | Gesamt 2013 |
|---|---|---|---|---|---|---|
| ≤ 20 | 6 | 241,3 | 315,4 | 270,1 | 303,0 | 288,0 |
| 20 - 100 | 31 | 298,6 | 286,8 | 287,2 | 316,5 | 315,8 |
| 100 - 500 | 39 | 416,4 | 484,7 | 449,3 | 486,1 | 445,2 |
| 500 - 2.500 | 36 | 760,7 | 849,3 | 988,8 | 877,1 | 941,4 |
| > 2.500 | 53 | 1.511,2 | 1.906,2 | 1.959,7 | 2.016,3 | 2.085,7 |
| Gesamt | 165 | 814,7 | 977,5 | 1.015,2 | 1.024,4 | 1.050,4 |

Bilanzsumme = Bilanzsumme zum Ende des Geschäftsjahres 2013 (in Mio. €)
n = Anzahl der ausgewerteten Vergütungsberichte
Gesamt = Durchschnittliche Gesamtvergütung (in Tsd. €)

**Tabelle 32: Durchschnittliche Gesamtvergütung der regulären Vorstandsmitglieder im Zeitvergleich – Größenbetrachtung**

| Bilanzsumme | n | Gesamt CEO 2009 | Gesamt CEO 2010 | Gesamt CEO 2011 | Gesamt CEO 2012 | Gesamt CEO 2013 |
|---|---|---|---|---|---|---|
| ≤ 20 | 7 | 295,9 | 338,4 | 284,3 | 290,1 | 263,4 |
| 20 - 100 | 38 | 363,3 | 426,1 | 422,9 | 399,3 | 425,6 |
| 100 - 500 | 44 | 543,2 | 707,3 | 663,9 | 745,9 | 767,2 |
| 500 - 2.500 | 36 | 1.210,5 | 1.498,5 | 2.046,4 | 1.665,2 | 1.694,6 |
| > 2.500 | 53 | 2.659,3 | 3.317,7 | 3.611,6 | 3.559,8 | 3.568,1 |
| Gesamt | 178 | 1.260,1 | 1.570,0 | 1.754,8 | 1.677,8 | 1.696,0 |

Bilanzsumme = Bilanzsumme zum Ende des Geschäftsjahres 2013 (in Mio. €)
n = Anzahl der ausgewerteten Vergütungsberichte
Gesamt = Durchschnittliche Gesamtvergütung (in Tsd. €)

**Tabelle 33: Durchschnittliche Gesamtvergütung der Vorstandsvorsitzenden im Zeitvergleich – Größenbetrachtung**

## V. Entwicklung der Vorstandsvergütung im Zeitablauf (2009-2013)

| Bilanzsumme | n | Fixum 2009 | Fixum 2010 | Fixum 2011 | Fixum 2012 | Fixum 2013 |
|---|---|---|---|---|---|---|
| ≤ 20 | 6 | 168,1 | 206,4 | 200,6 | 220,2 | 240,5 |
| 20 - 100 | 31 | 216,0 | 190,3 | 203,0 | 221,1 | 223,9 |
| 100 - 500 | 39 | 264,8 | 257,3 | 266,5 | 296,4 | 275,6 |
| 500 - 2.500 | 36 | 338,6 | 374,5 | 368,3 | 383,0 | 402,1 |
| > 2.500 | 53 | 577,6 | 612,2 | 621,5 | 664,3 | 675,8 |
| Gesamt | 165 | 368,7 | 382,4 | 388,4 | 416,6 | 420,7 |

Bilanzsumme = Bilanzsumme zum Ende des Geschäftsjahres 2013 (in Mio. €)
n = Anzahl der ausgewerteten Vergütungsberichte
Fixum = Durchschnittliches Festgehalt, einschließlich der Nebenleistungen (in Tsd. €)

**Tabelle 34: Durchschnittliches Fixgehalt der regulären Vorstandsmitglieder im Zeitvergleich – Größenbetrachtung**

| Bilanzsumme | n | Fixum CEO 2009 | Fixum CEO 2010 | Fixum CEO 2011 | Fixum CEO 2012 | Fixum CEO 2013 |
|---|---|---|---|---|---|---|
| ≤ 20 | 7 | 224,7 | 232,9 | 236,4 | 220,9 | 217,4 |
| 20 - 100 | 38 | 257,7 | 262,1 | 267,4 | 275,7 | 293,2 |
| 100 - 500 | 44 | 330,5 | 353,9 | 367,8 | 411,9 | 460,9 |
| 500 - 2.500 | 36 | 503,2 | 477,3 | 555,4 | 610,0 | 632,9 |
| > 2.500 | 53 | 951,3 | 1.023,2 | 1.047,4 | 1.087,8 | 1.105,4 |
| Gesamt | 178 | 530,6 | 553,8 | 581,5 | 616,6 | 642,2 |

Bilanzsumme = Bilanzsumme zum Ende des Geschäftsjahres 2013 (in Mio. €)
n = Anzahl der ausgewerteten Vergütungsberichte
Fixum = Durchschnittliches Festgehalt, einschließlich der Nebenleistungen (in Tsd. €)

**Tabelle 35: Durchschnittliches Fixgehalt der Vorstandsvorsitzenden im Zeitvergleich – Größenbetrachtung**

## V. Entwicklung der Vorstandsvergütung im Zeitablauf (2009-2013)

| Bilanzsumme | n | Bonus 2009 | Bonus 2010 | Bonus 2011 | Bonus 2012 | Bonus 2013 |
|---|---|---|---|---|---|---|
| ≤ 20 | 6 | 40,9 | 46,3 | 37,6 | 49,1 | 23,0 |
| 20 - 100 | 31 | 72,1 | 83,8 | 80,8 | 85,0 | 84,6 |
| 100 - 500 | 39 | 112,6 | 141,6 | 152,4 | 155,4 | 132,1 |
| 500 - 2.500 | 36 | 298,2 | 373,2 | 418,5 | 361,9 | 363,8 |
| > 2.500 | 53 | 609,4 | 888,7 | 886,8 | 889,3 | 912,7 |
| Gesamt | 165 | 302,5 | 417,8 | 428,8 | 419,1 | 420,5 |

Bilanzsumme = Bilanzsumme zum Ende des Geschäftsjahres 2013 (in Mio. €)
n = Anzahl der ausgewerteten Vergütungsberichte
Bonus = Erfolgsabhängige Bonusgewährungen (in Tsd. €)

**Tabelle 36: Durchschnittlicher Bonus der regulären Vorstandsmitglieder im Zeitvergleich – Größenbetrachtung**

| Bilanzsumme | n | Bonus CEO 2009 | Bonus CEO 2010 | Bonus CEO 2011 | Bonus CEO 2012 | Bonus CEO 2013 |
|---|---|---|---|---|---|---|
| ≤ 20 | 7 | 38,4 | 47,4 | 28,6 | 41,4 | 36,1 |
| 20 - 100 | 38 | 96,6 | 134,2 | 143,8 | 115,0 | 127,0 |
| 100 - 500 | 44 | 158,5 | 222,2 | 239,0 | 272,9 | 243,6 |
| 500 - 2.500 | 36 | 579,8 | 751,6 | 879,2 | 783,9 | 762,0 |
| > 2.500 | 53 | 1.149,1 | 1.629,8 | 1.807,1 | 1.621,0 | 1.593,9 |
| Gesamt | 178 | 520,7 | 722,7 | 806,8 | 734,9 | 717,4 |

Bilanzsumme = Bilanzsumme zum Ende des Geschäftsjahres 2013 (in Mio. €)
n = Anzahl der ausgewerteten Vergütungsberichte
Bonus = Erfolgsabhängige Bonusgewährungen (in Tsd. €)

**Tabelle 37: Durchschnittlicher Bonus der Vorstandsvorsitzenden im Zeitvergleich – Größenbetrachtung**

V. Entwicklung der Vorstandsvergütung im Zeitablauf (2009-2013)

| Bilanzsumme | n | Aktienb. Verg. 2009 | Aktienb. Verg. 2010 | Aktienb. Verg. 2011 | Aktienb. Verg. 2012 | Aktienb. Verg. 2013 |
|---|---|---|---|---|---|---|
| ≤ 20 | 6 | 32,2 | 62,8 | 31,9 | 33,7 | 24,5 |
| 20 - 100 | 31 | 10,5 | 12,6 | 3,4 | 10,4 | 7,4 |
| 100 - 500 | 39 | 38,9 | 85,7 | 30,4 | 34,3 | 37,5 |
| 500 - 2.500 | 36 | 123,9 | 101,6 | 202,0 | 132,3 | 175,6 |
| > 2.500 | 53 | 324,2 | 405,4 | 451,3 | 462,7 | 497,2 |
| Gesamt | 165 | 143,5 | 177,3 | 198,0 | 188,8 | 209,2 |

Bilanzsumme = Bilanzsumme zum Ende des Geschäftsjahres 2013 (in Mio. €)
n = Anzahl der ausgewerteten Vergütungsberichte
Aktienb. Vergütung = Durchschnittliche am Aktienkurs orientierte erfolgsabhängige Vergütung (in Tsd. €)

**Tabelle 38: Durchschnittliche aktienbasierte Vergütungsbestandteile der regulären Vorstandsmitglieder im Zeitvergleich – Größenbetrachtung**

| Bilanzsumme | n | Aktienb. Verg. CEO 2009 | Aktienb. Verg. CEO 2010 | Aktienb. Verg. CEO 2011 | Aktienb. Verg. CEO 2012 | Aktienb. Verg. CEO 2013 |
|---|---|---|---|---|---|---|
| ≤ 20 | 7 | 32,7 | 58,1 | 19,3 | 27,9 | 9,9 |
| 20 - 100 | 38 | 9,0 | 29,8 | 11,7 | 8,7 | 5,3 |
| 100 - 500 | 44 | 54,2 | 131,1 | 57,1 | 61,1 | 62,7 |
| 500 - 2.500 | 36 | 127,6 | 269,6 | 611,8 | 271,3 | 299,7 |
| > 2.500 | 53 | 558,9 | 664,6 | 757,0 | 850,9 | 868,8 |
| Gesamt | 178 | 208,8 | 293,5 | 366,5 | 326,3 | 336,3 |

Bilanzsumme = Bilanzsumme zum Ende des Geschäftsjahres 2013 (in Mio. €)
n = Anzahl der ausgewerteten Vergütungsberichte
Aktienb. Vergütung = Durchschnittliche am Aktienkurs orientierte erfolgsabhängige Vergütung (in Tsd. €)

**Tabelle 39: Durchschnittliche aktienbasierte Vergütungsbestandteile der Vorstandsvorsitzenden im Zeitvergleich – Größenbetrachtung**

## VI. Vorstandsvergütung und Unternehmenserfolg

### 1. Bisheriges Schrifttum

Gegenstand dieses Abschnitts ist die Untersuchung, welche Faktoren ausschlaggebend für die Höhe bzw. Zusammensetzung der Vorstandsvergütung sind. Die Einflussfaktoren der Managementvergütung insbesondere in anglo-amerikanischen Jurisdiktionen sind seit geraumer Zeit Gegenstand empirischer Studien. Diese untersuchen die statistische Assoziation der Höhe der Vorstands- bzw. CEO-Vergütung (ggfs. disaggregiert) und bestimmter, aus ökonomischen Hypothesen hergeleiteter Determinanten. Einschlägiger Bestimmungsfaktor ist etwa der Unternehmenserfolg, gemessen als Aktienrendite (Conyon (1997), McKnight/Tomkins (1999), Main/Bruce/Buck (1996)) oder buchhalterische Rendite (Ke/Petroni/Safieddine (1999)). Andere Determinanten, deren Einfluss empirisch untersucht und nachgewiesen wurde, sind Corporate-Governance-Variablen wie Eigentümerkonzentration (Crespi-Cladera/Gispert (2003)) oder Vergütungsausschüsse (*remuneration committees*) (Conyon (1997)), Verschuldungsgrad bzw. Kapitalstruktur (Crespi-Cladera/Gispert (2003), Ortiz-Molina (2007), Lyengar/Williams/Zampelli (2005)), das Alter der Vorstandsmitglieder (McKnight et al. (2000)), Humankapitalindikatoren (Laing/Weir (1999)), Beschränkungen des Insider-Handels für Vorstände (Roulstone (2003)) und die Unternehmensgröße (McKnight/Tomkins (1999), Laing/Weir (1999), Conyon (1997), Crespi-Cladera/Gispert (2003), Main/Bruce/Buck (1996)), gemessen etwa als Marktkapitalisierung, Bilanzsumme, Umsatz, Mitarbeiterzahl oder Zugehörigkeit zu einem Börsenindex. Erwähnenswert sind des Weiteren Untersuchungen zur Verteilung (Streuung) der Vorstandsvergütung. So untersuchen Bebchuk/Cremers/Peyer (2006) die Determinanten und die Entwicklung des CEO pay slice, des relativen Anteils des Gehalts des Vorstandsvorsitzenden an der Vergütungssumme des gesamten Vorstands (Board), im Zeitablauf. Neben dem Befund eines im Verlauf der vergangenen Jahre zunehmenden CEO pay slice finden die Autoren als statistisch signifikante Determinanten des CEO pay slice das Dienstalter des CEO und die Gesamtzahl der Vorstände; außerdem ist der Vergütungsanteil des CEO negativ mit dem Unternehmenswert assoziiert. Gegenläufig ist demgegenüber der Befund bei Lee/Lev/Yeo (2005), die mit der „compensation dispersion" ebenfalls ein Maß der Variation der Vergütungshöhe zwischen Topmanagern wählen und unter anderem eine positive Assoziation mit Maßgrößen für den Unternehmenswert und -erfolg feststellen.

## 2. Zusammenhang zwischen Unternehmensperformance und Vergütungshöhe

### 2.1. Messung der Unternehmensperformance

Der Zusammenhang zwischen der Höhe der Vergütung und der Unternehmensperformance wird hier untersucht, indem die betrachteten Unternehmen entsprechend ihres Erfolgs in Klassen gruppiert und die mittlere Höhe der Vergütungsbestandteile für jede Klasse ermittelt wird. Als Erfolgsgrößen werden buchhalterische sowie kapitalmarktbezogene Maßstäbe herangezogen:

*1. Jahresüberschuss*

Der Jahresüberschuss stellt den Erfolg des gesamten Konzerns entsprechend der Abbildungsregeln des Rechnungslegungssystems dar. Nach Maßgabe der International Financial Reporting Standards (IFRS), die in Folge europarechtlicher Vereinheitlichung seit 2005 grundsätzlich für die Konzernbilanzierung börsennotierter Gesellschaften heranzuziehen sind, ist der Gewinn als informative Größe zu verstehen, die Investoren Aufschluss über die Wertschöpfung der vergangenen Periode geben und eine Schätzgrundlage für künftige Ergebnisse darstellen soll. Daher ist der Jahresüberschuss hier nicht zu verwechseln mit dem Betrag, der nach handelsrechtlichen Vorschriften ausgeschüttet werden darf.

*2. Eigenkapitalrendite*

Die Eigenkapitalrendite setzt den Jahresüberschuss in Beziehung zur Höhe des buchmäßigen Eigenkapitals des Unternehmens. Damit drückt sie die buchhalterische Verzinsung des durch die Eigner eingesetzten Kapitals aus, kann also als Annäherung an die Zielgröße der Anteilseigner verstanden werden. Unternehmen mit negativem Eigenkapitalausweis werden hierbei nicht in die Betrachtung mit einbezogen.

*3. Aktienrendite*

Die Aktienrendite drückt aus, welchen Erfolg ein Anteilseigner durch die Investition in das Unternehmen erzielt hat („Shareholder Return"). Sie ergibt sich aus der Summe von Kurssteigerungen an der Börse und Höhe der Dividende, geteilt durch den Aktienkurs am Jahresanfang, und reflektiert somit die Verzinsung des Marktwertes des eingesetzten Kapitals.

Es folgen detaillierte tabellarische und grafische Darstellungen des Zusammenhangs der Vorstands- bzw. CEO-Vergütung mit diesen Erfolgsmaßen. Angegeben wird jeweils das arithmetische Mittel. Aufgrund unterschiedlicher Datenverfügbarkeit kommt es dabei zu geringen Schwankungen der Gesamtzahl der betrachteten Unternehmen.

## 2.2. Jahresüberschuss

| JÜ | n | Fixum | Kurzfr. Bonus | Langfr. Bonus | Aktienb. Verg. | Gesamt |
|---|---|---|---|---|---|---|
| ≤ -25 | 22 | 495,2 | 267,9 | 125,3 | 250,9 | 1.139,3 |
| -25 – -10 | 12 | 380,4 | 385,1 | 39,3 | 125,4 | 930,2 |
| -10 – 0 | 23 | 226,7 | 31,2 | 13,4 | 13,1 | 284,4 |
| 0 – 10 | 39 | 230,8 | 67,8 | 31,3 | 10,9 | 340,7 |
| 10 – 25 | 31 | 253,1 | 102,1 | 66,3 | 41,0 | 462,4 |
| 15 – 50 | 17 | 337,1 | 151,9 | 54,6 | 167,3 | 710,9 |
| 50 – 100 | 17 | 422,4 | 235,9 | 78,8 | 168,2 | 905,3 |
| 100 – 250 | 21 | 491,3 | 406,5 | 172,3 | 412,3 | 1.482,4 |
| > 250 | 34 | 766,8 | 713,6 | 496,4 | 721,6 | 2.698,4 |
| Gesamt | 216 | 401,9 | 261,3 | 136,9 | 221,8 | 1.022,0 |

JÜ = Jahresüberschuss (in Mio. €)
n = Anzahl der ausgewerteten Vergütungsberichte
Fixum = Festgehalt, einschließlich der Nebenleistungen (in Tsd. €)
Bonus = Erfolgsabhängige Bonusgewährungen (differenziert zwischen solchen mit kurzfristiger und solchen mit langfristiger Anreizwirkung) (in Tsd. €)
Aktienb. Vergütung = Durchschnittliche am Aktienkurs orientierte erfolgsabhängige Vergütung (in Tsd. €)

**Tabelle 40: Durchschnittliche Vergütung von regulären Vorstandsmitgliedern 2013 – nach Jahresüberschuss des Unternehmens**

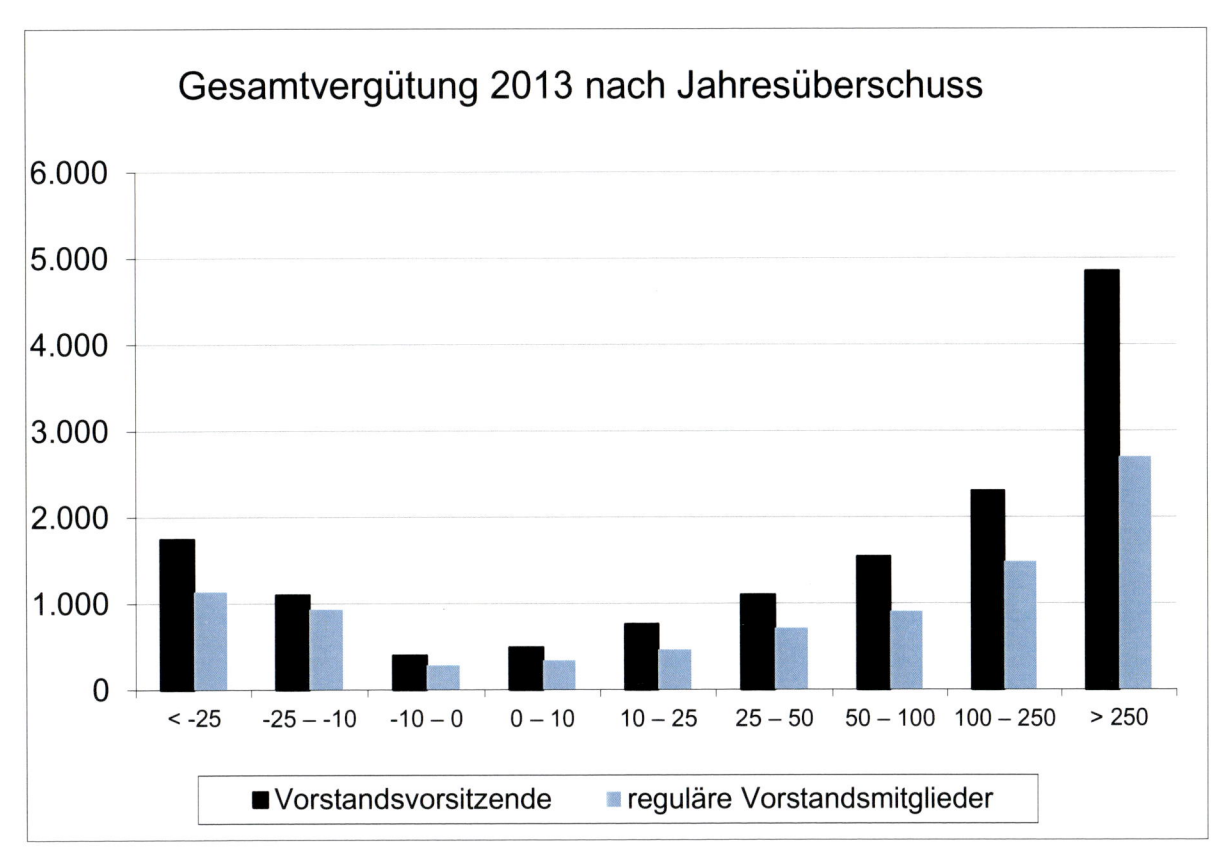

# VI. Vorstandsvergütung und Unternehmenserfolg

**Abbildung 9:** Gesamtvergütung (in Tsd. €) nach Jahresüberschuss (in Mio. €) des Unternehmens

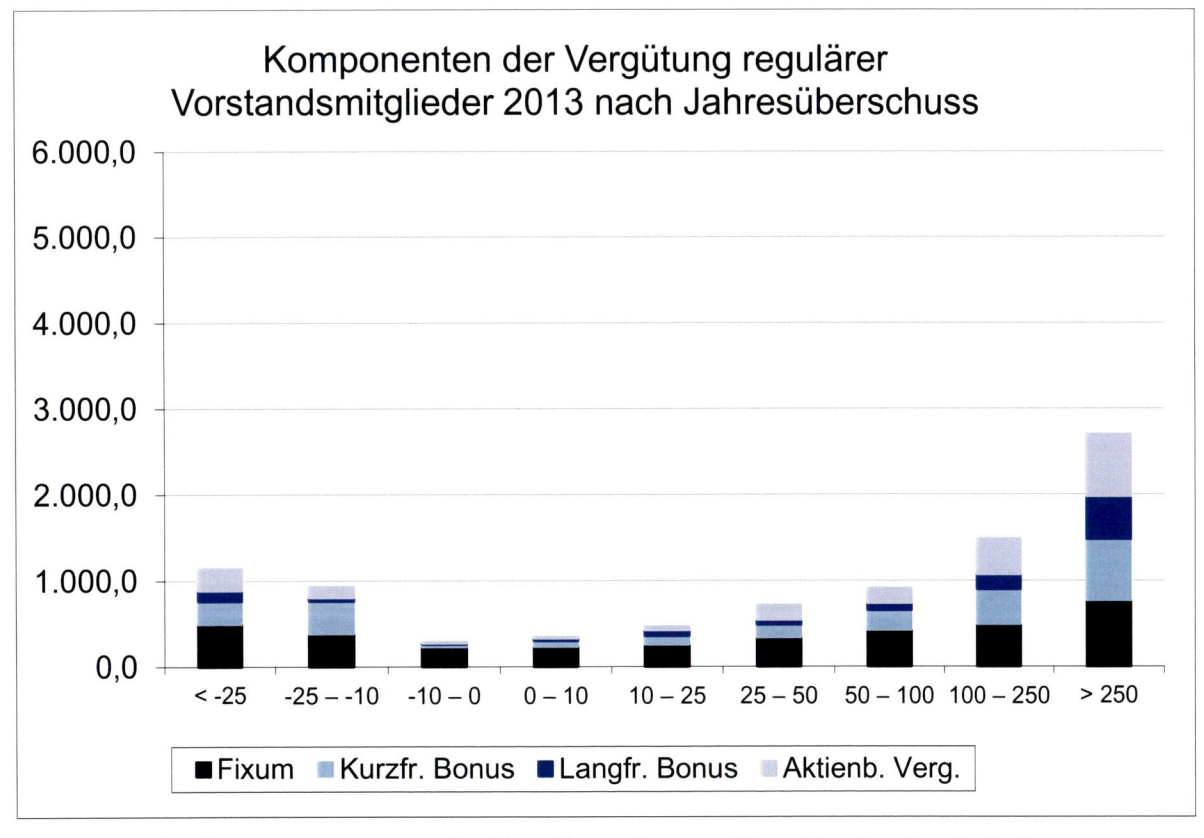

**Abbildung 10:** Zusammensetzung der Vergütung der regulären Vorstandsmitglieder (in Tsd. €) – Betrachtung nach Jahresüberschuss (in Mio. €) der Unternehmen

## VI. Vorstandsvergütung und Unternehmenserfolg

| JÜ | n | Fixum CEO | Kurzfr. Bonus CEO | Langfr. Bonus CEO | Aktienb. Verg. CEO | Gesamt CEO | CEO premium (n = 216) |
|---|---|---|---|---|---|---|---|
| ≤ -25 | 23 | 703,5 | 412,3 | 119,1 | 509,1 | 1.744,0 | 23 |
| -25 – -10 | 13 | 519,8 | 349,6 | 41,9 | 187,3 | 1.098,6 | 13 |
| -10 – 0 | 25 | 308,6 | 57,5 | 8,6 | 21,6 | 396,3 | 25 |
| 0 – 10 | 45 | 312,6 | 120,6 | 40,4 | 13,5 | 487,2 | 45 |
| 10 – 25 | 32 | 389,8 | 231,5 | 86,3 | 47,1 | 754,8 | 32 |
| 15 – 50 | 17 | 497,4 | 240,5 | 125,5 | 232,8 | 1.096,1 | 17 |
| 50 – 100 | 17 | 710,7 | 523,4 | 115,4 | 190,1 | 1.539,5 | 17 |
| 100 – 250 | 21 | 768,5 | 685,7 | 325,8 | 517,0 | 2.297,0 | 21 |
| > 250 | 34 | 1.272,1 | 1.348,2 | 925,1 | 1.300,1 | 4.845,5 | 34 |
| Gesamt | 227 | 604,1 | 447,2 | 222,3 | 348,2 | 1.621,9 | 227 |

JÜ = Jahresüberschuss (in Mio. €)
n = Anzahl der ausgewerteten Vergütungsberichte
Fixum = Festgehalt, einschließlich der Nebenleistungen (in Tsd. €)
Bonus = Erfolgsabhängige Bonusgewährungen (differenziert zwischen solchen mit kurzfristiger und solchen mit langfristiger Anreizwirkung) (in Tsd. €)
Aktienb. Vergütung = Durchschnittliche am Aktienkurs orientierte erfolgsabhängige Vergütung (in Tsd. €)
CEO premium = Verhältnis der Gesamtbezüge des Vorstandsvorsitzenden zu den Durchschnittsbezügen der sonstigen Vorstandsmitglieder

**Tabelle 41: Vergütung von Vorstandsvorsitzenden 2013 (in Tsd. €) – nach Jahresüberschuss (in Mio. €) des Unternehmens**

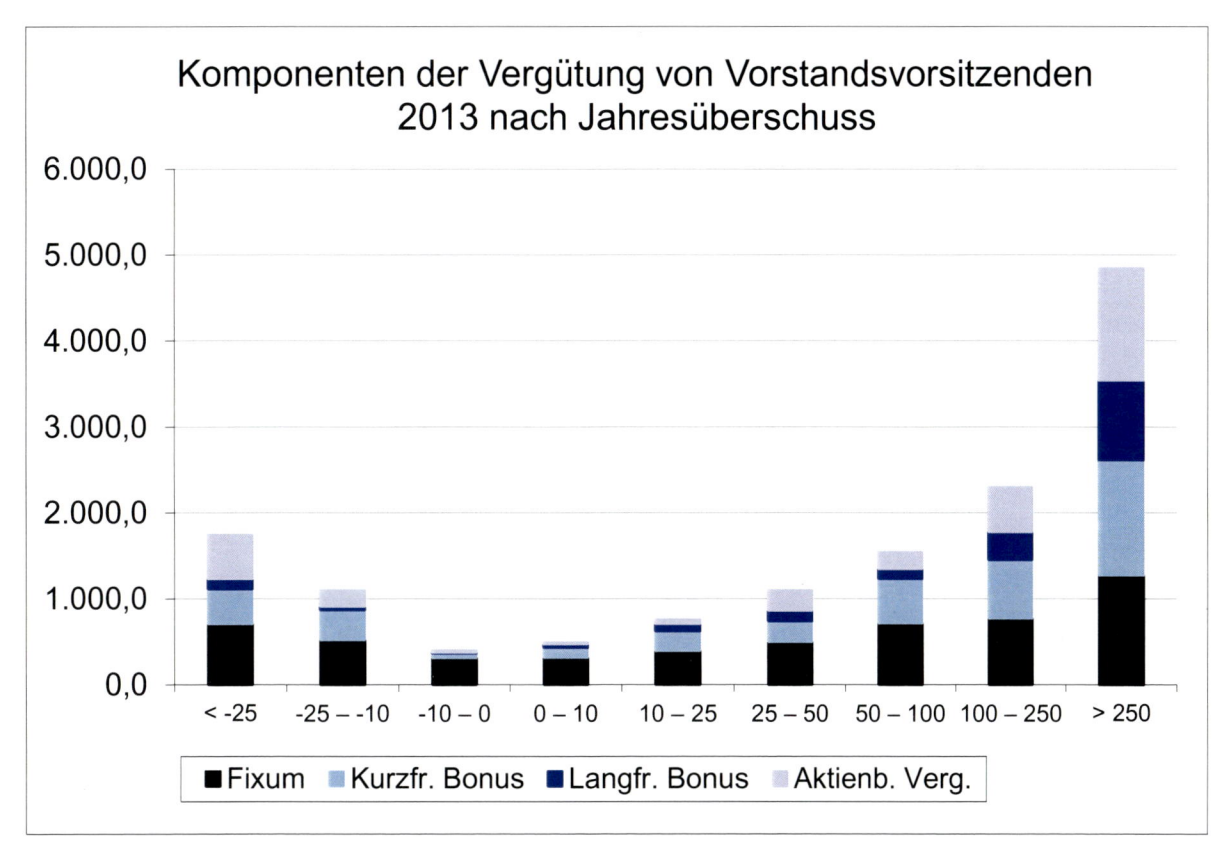

# VI. Vorstandsvergütung und Unternehmenserfolg

**Abbildung 11:** Zusammensetzung der Vergütung der Vorstandsvorsitzenden (in Tsd. €) – Betrachtung nach Jahresüberschuss (in Mio. €) der Unternehmen

## 2.3. Eigenkapitalrendite

| EK-Rendite | n | Fixum | Kurzfr. Bonus | Langfr. Bonus | Aktienb. Verg. | Gesamt |
|---|---|---|---|---|---|---|
| ≤ -0,3 | 16 | 320,9 | 135,9 | 29,1 | 131,9 | 617,9 |
| -0,3 – -0,2 | 5 | 269,4 | 33,0 | 9,2 | 10,4 | 322,0 |
| -0,2 – -0,1 | 13 | 378,7 | 126,1 | 66,8 | 104,2 | 675,7 |
| -0,1 – 0 | 21 | 401,0 | 322,5 | 102,7 | 162,9 | 989,1 |
| 0 – 0,1 | 67 | 391,2 | 199,9 | 108,7 | 239,4 | 939,2 |
| 0,1 – 0,2 | 71 | 452,0 | 339,5 | 239,0 | 259,4 | 1.289,9 |
| 0,2 – 0,3 | 13 | 418,1 | 363,2 | 107,8 | 381,7 | 1.270,8 |
| 0,3 – 0,4 | 4 | 382,1 | 606,0 | 34,4 | 131,1 | 1.153,5 |
| > 0,4 | 6 | 288,5 | 173,8 | 40,8 | 171,7 | 674,8 |
| *Gesamt* | 216 | 401,9 | 261,3 | 136,9 | 221,8 | 1.022,0 |

| | |
|---|---|
| EK-Rendite = | Jahresüberschuss / Eigenkapital |
| n = | Anzahl der ausgewerteten Vergütungsberichte |
| Fixum = | Festgehalt, einschließlich der Nebenleistungen (in Tsd. €) |
| Bonus = | Erfolgsabhängige Bonusgewährungen (differenziert zwischen solchen mit kurzfristiger und solchen mit langfristiger Anreizwirkung) (in Tsd. €) |
| Aktienb. Vergütung = | Durchschnittliche am Aktienkurs orientierte erfolgsabhängige Vergütung |

**Tabelle 42: Durchschnittliche Vergütung von regulären Vorstandsmitgliedern 2013 – nach Eigenkapitalrendite des Unternehmens**

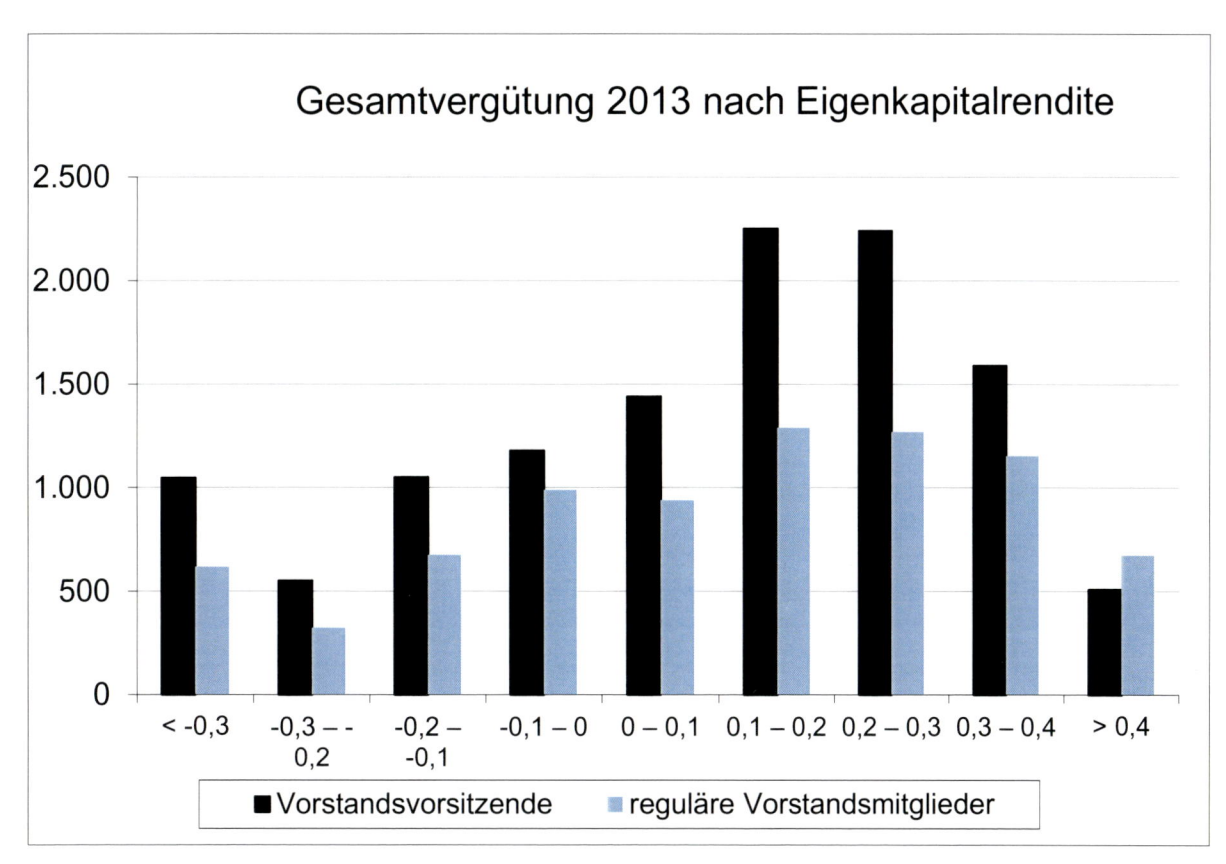

VI. Vorstandsvergütung und Unternehmenserfolg

**Abbildung 12:** Höhe der Gesamtvergütung der Vorstandsmitglieder (in Tsd. €) – Betrachtung nach Eigenkapitalrendite der Unternehmen

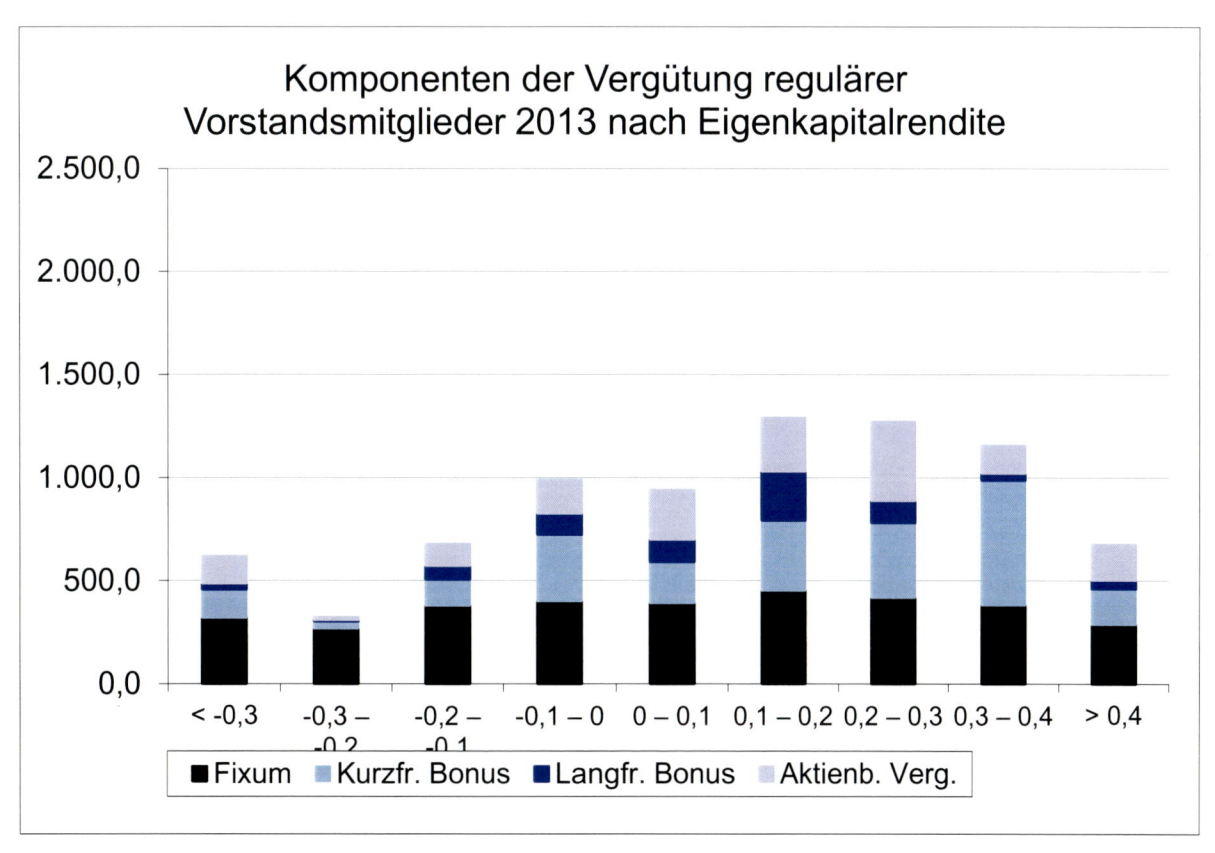

**Abbildung 13:** Zusammensetzung der Vergütung der regulären Vorstandsmitglieder (in Tsd. €) – Betrachtung nach Eigenkapitalrendite der Unternehmen

## VI. Vorstandsvergütung und Unternehmenserfolg

| EK-Rendite | n | Fixum CEO | Kurzfr. Bonus CEO | Langfr. Bonus CEO | Aktienb. Verg. CEO | Gesamt CEO | CEO premium (n = 216) |
|---|---|---|---|---|---|---|---|
| ≤ -0,3     | 20  | 467,2 | 239,8 | 27,3  | 311,4 | 1.045,7 | 1,53 |
| -0,3 – -0,2 | 5   | 376,2 | 158,0 | 13,0  | 3,4   | 550,6   | 1,70 |
| -0,2 – -0,1 | 13  | 591,3 | 174,0 | 99,9  | 183,0 | 1.048,3 | 1,38 |
| -0,1 – 0    | 22  | 523,9 | 330,6 | 72,2  | 252,2 | 1.178,9 | 1,56 |
| 0 – 0,1     | 70  | 577,4 | 345,2 | 166,2 | 349,4 | 1.438,2 | 1,64 |
| 0,1 – 0,2   | 72  | 712,2 | 668,0 | 439,5 | 429,5 | 2.249,2 | 1,68 |
| 0,2 – 0,3   | 14  | 779,1 | 654,4 | 213,7 | 590,6 | 2.237,7 | 2,07 |
| 0,3 – 0,4   | 5   | 507,8 | 795,2 | 79,2  | 205,6 | 1.587,8 | 1,79 |
| ≥ 0,4      | 6   | 257,0 | 167,2 | 50,8  | 33,3  | 508,3   | 0,55 |
| Gesamt     | 227 | 604,1 | 447,2 | 222,3 | 348,2 | 1.621,9 | 1,63 |

EK-Rendite = Jahresüberschuss / Eigenkapital
n = Anzahl der ausgewerteten Vergütungsberichte
Fixum = Festgehalt, einschließlich der Nebenleistungen (in Tsd. €)
Bonus = Erfolgsabhängige Bonusgewährungen (differenziert zwischen solchen mit kurzfristiger und solchen mit langfristiger Anreizwirkung) (in Tsd. €)
Aktienb. Vergütung = Durchschnittliche am Aktienkurs orientierte erfolgsabhängige Vergütung (in Tsd. €)

CEO premium = Verhältnis der Gesamtbezüge des Vorstandsvorsitzenden zu den Durchschnittsbezügen der sonstigen Vorstandsmitglieder

**Tabelle 43: Vergütung von Vorstandsvorsitzenden 2013 – nach Eigenkapitalrendite des Unternehmens**

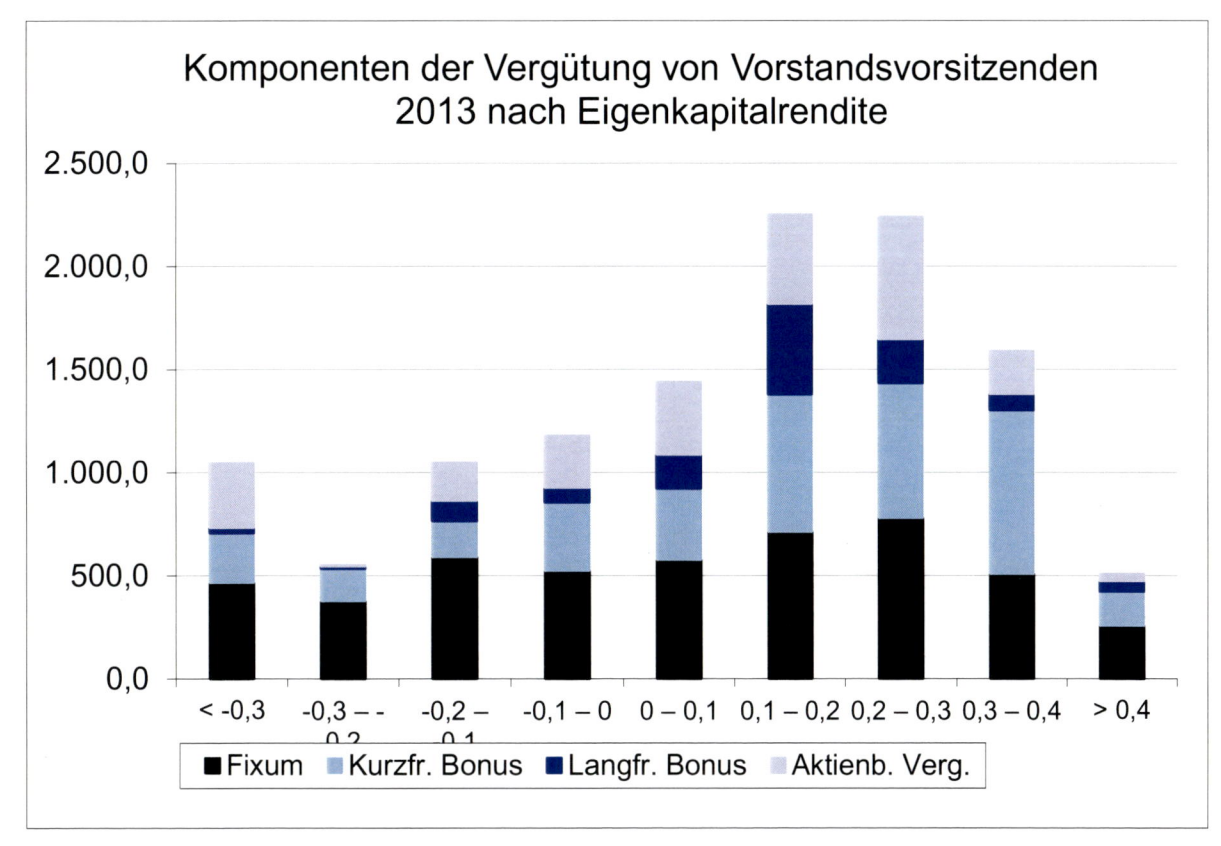

VI. Vorstandsvergütung und Unternehmenserfolg

Abbildung 14: Zusammensetzung der Vergütung der Vorstandsvorsitzenden (in Tsd. €) – Betrachtung nach Eigenkapitalrendite der Unternehmen

## 2.4. Aktienrendite

| Aktienrendite | n | Fixum | Kurzfr. Bonus | Langfr. Bonus | Aktienb. Verg. | Gesamt |
|---|---|---|---|---|---|---|
| ≤ -0,15 | 26 | 247,7 | 114,8 | 33,3 | 53,7 | 449,5 |
| -0,15 – 0 | 29 | 332,8 | 159,2 | 49,4 | 126,0 | 667,4 |
| 0 – 0,15 | 34 | 488,0 | 242,5 | 202,0 | 286,8 | 1.219,2 |
| 0,15 – 0,3 | 33 | 490,6 | 438,7 | 241,1 | 212,9 | 1.383,3 |
| 0,3 – 0,45 | 30 | 424,8 | 344,1 | 221,1 | 249,0 | 1.238,9 |
| 0,45 – 0,6 | 17 | 462,5 | 256,2 | 143,7 | 225,8 | 1.088,3 |
| 0,6 – 0,75 | 10 | 331,2 | 128,7 | 49,7 | 111,0 | 620,6 |
| 0,75 – 0,9 | 8 | 597,3 | 341,0 | 151,1 | 463,8 | 1.553,2 |
| > 0,9 | 15 | 279,8 | 173,5 | 68,5 | 171,8 | 693,7 |
| Gesamt | 216 | 401,9 | 261,3 | 136,9 | 221,8 | 1.022,0 |

Aktienrendite = Kursanstieg zzgl. Dividende / Aktienkurs zu Jahresbeginn
n = Anzahl der ausgewerteten Vergütungsberichte
Fixum = Festgehalt, einschließlich der Nebenleistungen (in Tsd. €)
Bonus = Erfolgsabhängige Bonusgewährungen (differenziert zwischen solchen mit kurzfristiger und solchen mit langfristiger Anreizwirkung) (in Tsd. €)
Aktienb. Vergütung = Durchschnittliche am Aktienkurs orientierte erfolgsabhängige Vergütung (in Tsd. €)

**Tabelle 44: Durchschnittliche Vergütung von regulären Vorstandsmitgliedern 2013 – nach Aktienrendite des Unternehmens**

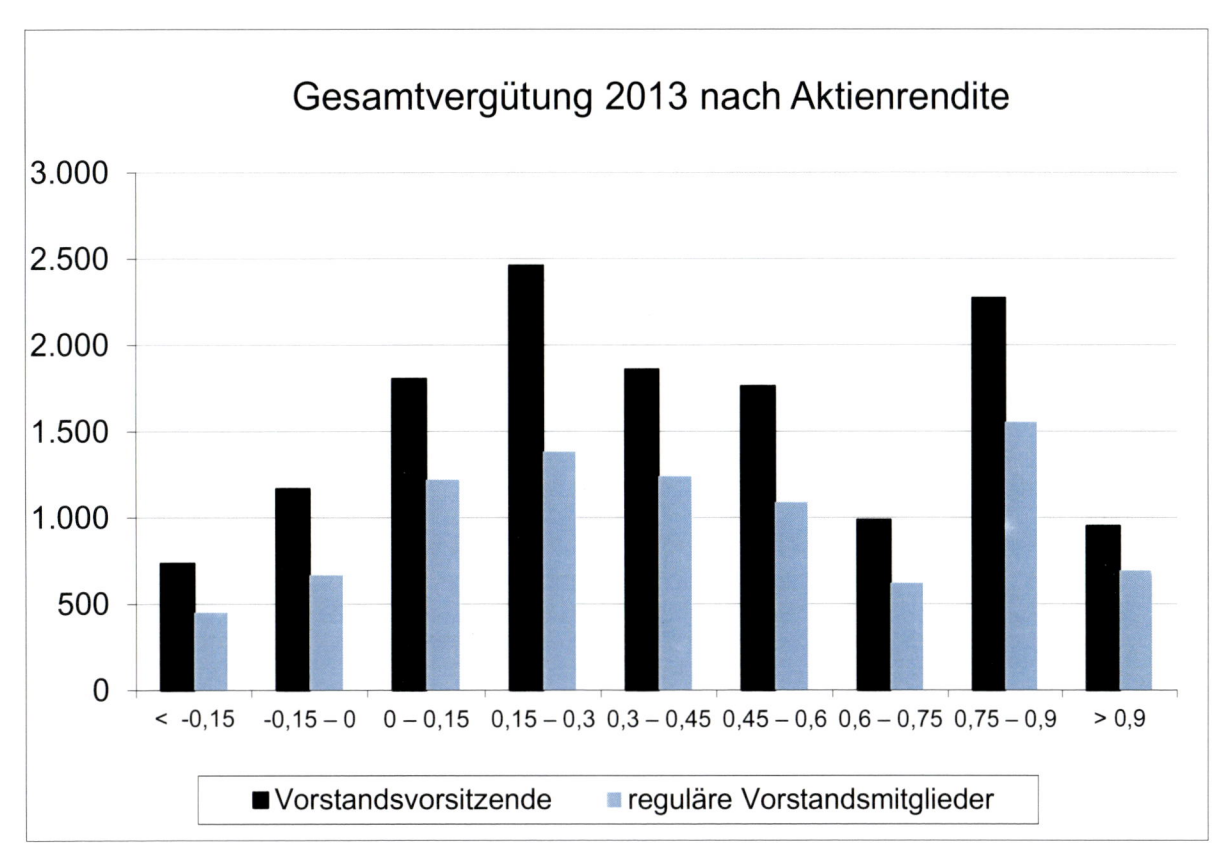

**Abbildung 15: Höhe der Gesamtvergütung der Vorstandsmitglieder (in Tsd. €) – Betrachtung nach Aktienrendite der Unternehmen**

## VI. Vorstandsvergütung und Unternehmenserfolg

**Komponenten der Vergütung regulärer Vorstandsmitglieder 2013 nach Aktienrendite**

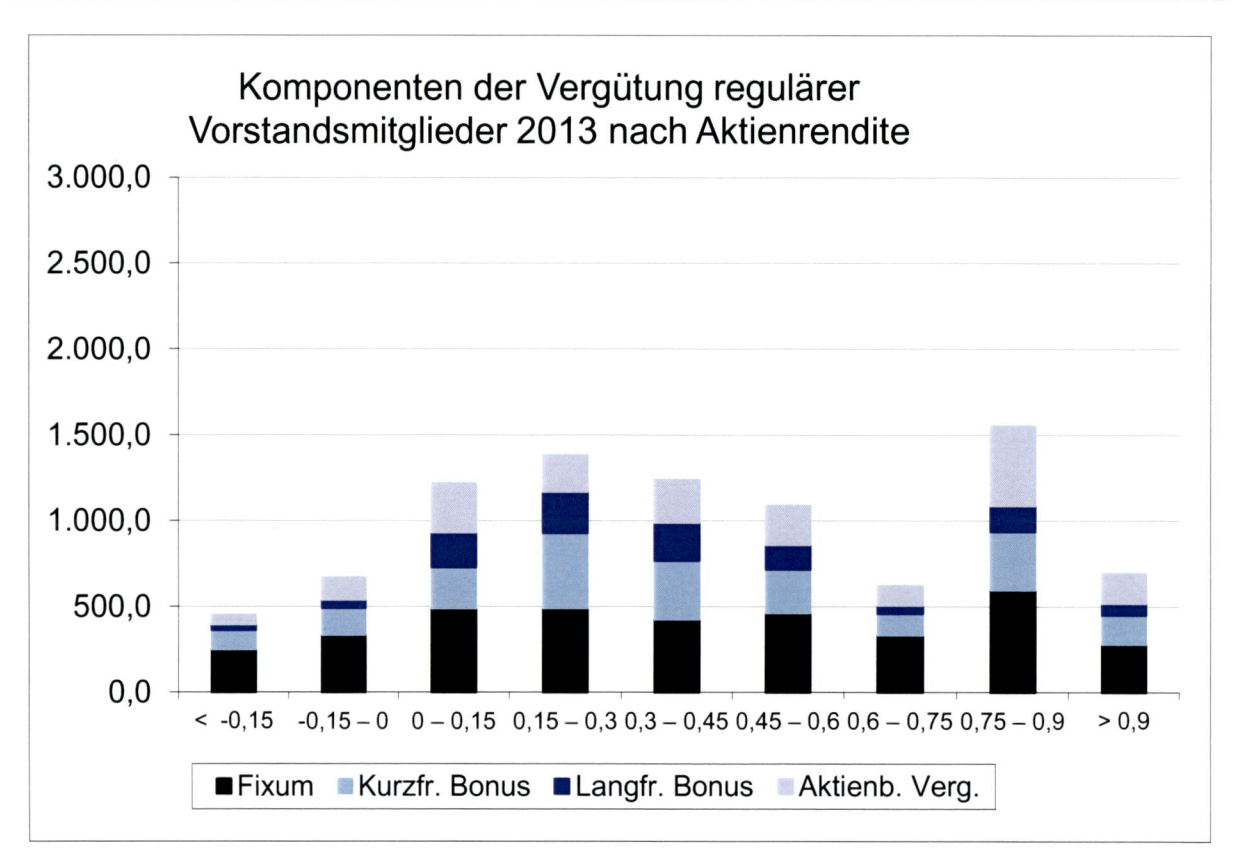

x-Achse: < -0,15 | -0,15 – 0 | 0 – 0,15 | 0,15 – 0,3 | 0,3 – 0,45 | 0,45 – 0,6 | 0,6 – 0,75 | 0,75 – 0,9 | > 0,9

Legende: ■ Fixum ■ Kurzfr. Bonus ■ Langfr. Bonus ■ Aktienb. Verg.

**Abbildung 16: Zusammensetzung der Vergütung der regulären Vorstandsmitglieder (in Tsd. €) – Betrachtung nach Aktienrendite der Unternehmen**

## VI. Vorstandsvergütung und Unternehmenserfolg

| Aktienrendite | n | Fixum CEO | Kurzfr. Bonus CEO | Langfr. Bonus CEO | Aktienb. Verg. CEO | Gesamt CEO | CEO Premium (n = 216) |
|---|---|---|---|---|---|---|---|
| ≤ -0,15 | 26 | 330,6 | 225,3 | 82,9 | 95,3 | 734,0 | 1,47 |
| -0,15 – 0 | 31 | 513,9 | 359,0 | 78,0 | 214,7 | 1.165,6 | 1,93 |
| 0 – 0,15 | 36 | 728,6 | 351,7 | 273,4 | 448,9 | 1.802,6 | 1,55 |
| 0,15 – 0,3 | 35 | 741,2 | 899,1 | 466,2 | 352,9 | 2.459,4 | 1,71 |
| 0,3 – 0,45 | 30 | 680,8 | 474,8 | 313,7 | 386,5 | 1.855,8 | 1,74 |
| 0,45 – 0,6 | 19 | 728,2 | 398,4 | 253,6 | 379,2 | 1.759,4 | 1,57 |
| 0,6 – 0,75 | 11 | 461,7 | 279,1 | 73,5 | 171,4 | 985,7 | 1,59 |
| 0,75 – 0,9 | 9 | 852,3 | 542,9 | 216,7 | 658,9 | 2.270,8 | 1,64 |
| > 0,9 | 15 | 387,7 | 251,8 | 115,5 | 194,3 | 949,3 | 1,37 |
| Gesamt | 227 | 604,1 | 447,2 | 222,3 | 348,2 | 1.621,9 | 1,63 |

| | |
|---|---|
| Aktienrendite = | Kursanstieg zzgl. Dividende / Aktienkurs zu Jahresbeginn |
| n = | Anzahl der ausgewerteten Vergütungsberichte |
| Fixum = | Festgehalt, einschließlich der Nebenleistungen (in Tsd. €) |
| Bonus = | Erfolgsabhängige Bonusgewährungen (differenziert zwischen solchen mit kurzfristiger und solchen mit langfristiger Anreizwirkung) (in Tsd. €) |
| Aktienb. Vergütung = | Durchschnittliche am Aktienkurs orientierte erfolgsabhängige Vergütung (in Tsd. €) |
| CEO premium = | Verhältnis der Gesamtbezüge des Vorstandsvorsitzenden zu den Durchschnittsbezügen der sonstigen Vorstandsmitglieder |

**Tabelle 45: Vergütung von Vorstandsvorsitzenden 2013 – Betrachtung nach Aktienrendite des Unternehmens**

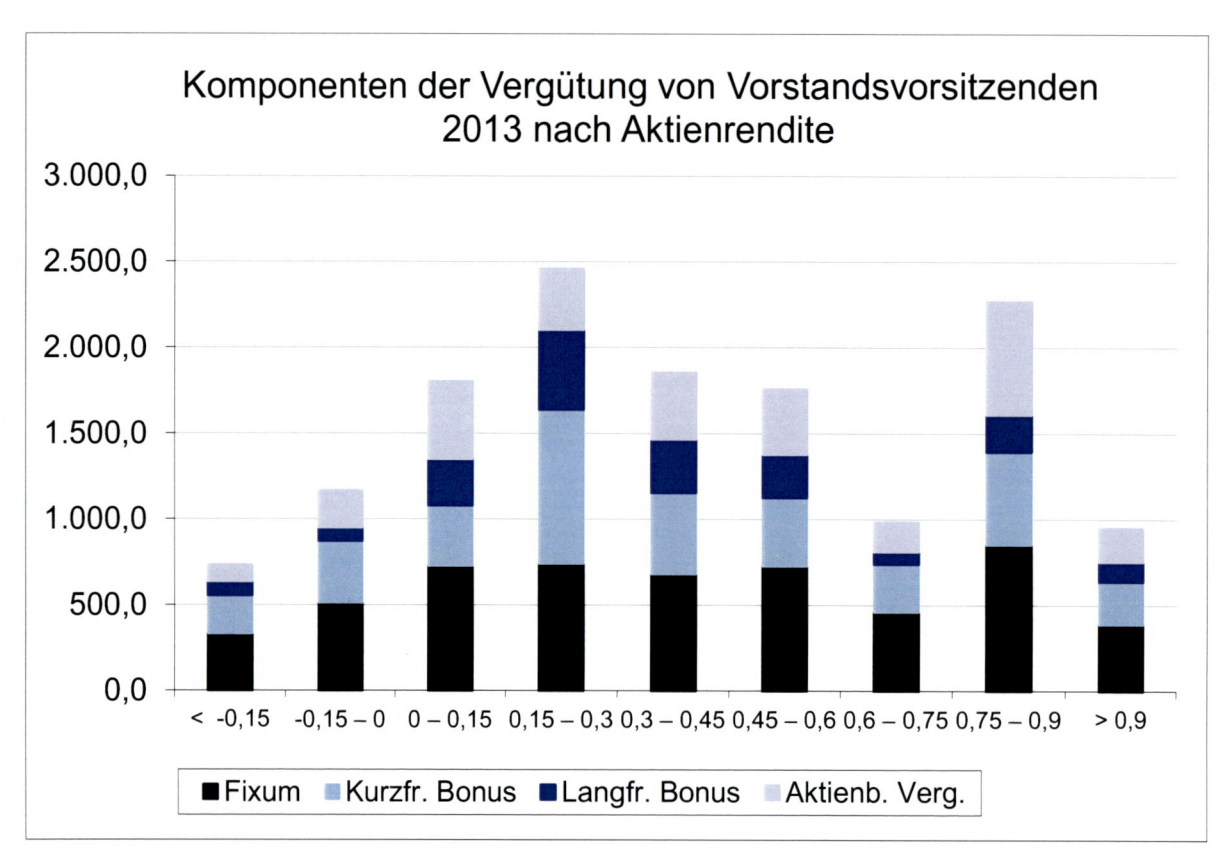

## VI. Vorstandsvergütung und Unternehmenserfolg

**Abbildung 17:** Zusammensetzung der Vergütung der Vorstandsvorsitzenden (in Tsd. €) – Betrachtung nach Aktienrendite der Unternehmen

## 3. Dynamische Betrachtung: Zusammenhang zwischen der Veränderung wesentlicher Maße der Unternehmensperformance und der Veränderung der Vergütungshöhe

### 3.1. Vorgehensweise

Im Gegensatz zu den Analysen des vorhergehenden Abschnitts, welche Höhe und Zusammensetzung der Vergütungspakete in Bezug setzte zu den verschiedenen Maßstäben der Unternehmensperformance, nehmen die folgenden Auswertungen eine dynamische Perspektive ein und betrachten demgemäß die Veränderungen in diesen Unternehmensmerkmalen. Konkret wird also analysiert, inwiefern sich die Vergütungshöhe, differenziert nach den Vergütungskomponenten, im Berichtsjahr 2013 gegenüber 2012 verändert hat, und inwiefern diese relativen Veränderungen einen Zusammenhang aufweisen zu Veränderungen in der Unternehmensperformance, also etwa der Zunahme der Eigenkapitalrentabilität. Somit geben die folgenden Tabellen und Abbildungen Aufschluss über die kurzfristige Reagibilität der Vergütungsstrukturen. Diese sollte, so die Erwartung, für die Vergütungskomponente „Bonus" am stärksten ausgeprägt sein, da hiermit im Regelfall erfolgsabhängig der Unternehmenserfolg im abgelaufenen Geschäftsjahr abgegolten werden soll.

## VI. Vorstandsvergütung und Unternehmenserfolg

### 3.2. Jahresüberschuss

| Veränderung JÜ | n | Veränderung Fixum | Veränderung Kurzfr. Bonus | Veränderung Langfr. Bonus | Veränderung Aktienb. Vergütung | Veränderung Gesamt |
|---|---|---|---|---|---|---|
| ≤ -150% | 25 | 2,2% | -30,0% | -10,2% | 59,7% | 0,2% |
| -150% – -100% | 10 | 3,4% | 43,0% | -47,1% | -16,9% | -5,6% |
| -100% – -50% | 31 | 7,0% | 11,4% | -6,0% | -12,0% | 3,0% |
| -50% – 0% | 49 | 2,6% | -7,2% | -34,3% | 30,8% | -4,7% |
| 0% – 50% | 72 | 1,9% | 125,4% | -89,3% | 42,4% | 10,8% |
| 50 – 100% | 4 | -6,9% | 11,7% | 73,5% | 116,7% | 65,3% |
| 100% – 150% | 4 | 31,9% | 36,1% | 42,9% | 16,6% | 44,4% |
| 150% – 200% | 1 | 4,2% | -20,5% | 6,6% | 134,8% | 43,1% |
| > 200% | 11 | 6,5% | 100,2% | -3,5% | -9,5% | -138,4% |
| Gesamt | 207 | 3,6% | 49,0% | -41,9% | 31,2% | -2,2% |

JÜ = Veränderung des Jahresüberschusses in %
n = Anzahl der ausgewerteten Vergütungsberichte
Fixum = Festgehalt, einschließlich der Nebenleistungen (mittlere Veränderung in %)
Bonus = Erfolgsabhängige Bonusgewährungen (differenziert zwischen solchen mit kurzfristiger und solchen mit langfristiger Anreizwirkung) (mittlere Veränderung in %)
Aktienb. Vergütung = Durchschnittliche am Aktienkurs orientierte erfolgsabhängige Vergütung (mittlere Veränderung in %)

**Tabelle 46: Zuwachs einzelner Vergütungsbestandteile in Prozent, reguläre Vorstandsmitglieder – nach Gewinnwachstum**

| Veränderung JÜ | n | Veränderung Fixum CEO | Veränderung Kurzfr. Bonus CEO | Veränderung Langfr. Bonus CEO | Veränderung Aktienb. Vergütung CEO | Veränderung Gesamt CEO |
|---|---|---|---|---|---|---|
| ≤ -150% | 28 | 20,3% | 71,2% | -55,9% | 18,7% | 26,2% |
| -150% – -100% | 11 | 0,9% | -19,2% | -49,6% | -46,7% | -14,7% |
| -100% – -50% | 31 | 7,8% | -3,2% | -24,7% | 12,1% | -4,2% |
| -50% – 0% | 51 | 4,3% | -15,2% | -34,6% | 25,7% | -0,8% |
| 0% – 50% | 75 | 5,2% | 186,8% | -4,7% | 0,2% | 14,2% |
| 50 – 100% | 4 | 6,4% | 26,8% | -100,0% | | 7,7% |
| 100% – 150% | 4 | 1,0% | -1,6% | 18,5% | 16,6% | 8,9% |
| 150% – 200% | 1 | 25,4% | 0,0% | -3,2% | 142,7% | 50,7% |
| > 200% | 14 | 6,4% | 55,0% | 5,6% | 19,6% | 8,5% |
| Gesamt | 219 | 7,2% | 78,1% | -22,6% | 10,7% | 7,8% |

JÜ = Veränderung des Jahresüberschusses in %
n = Anzahl der ausgewerteten Vergütungsberichte
Fixum = Festgehalt, einschließlich der Nebenleistungen (mittlere Veränderung in %)
Bonus = Erfolgsabhängige Bonusgewährungen (differenziert zwischen solchen mit kurzfristiger und solchen mit langfristiger Anreizwirkung) (mittlere Veränderung in %)
Aktienb. Vergütung = Durchschnittliche am Aktienkurs orientierte erfolgsabhängige Vergütung (mittlere Veränderung in %)

**Tabelle 47: Zuwachs einzelner Vergütungsbestandteile in Prozent, Vorstandsvorsitzende – nach Gewinnwachstum**

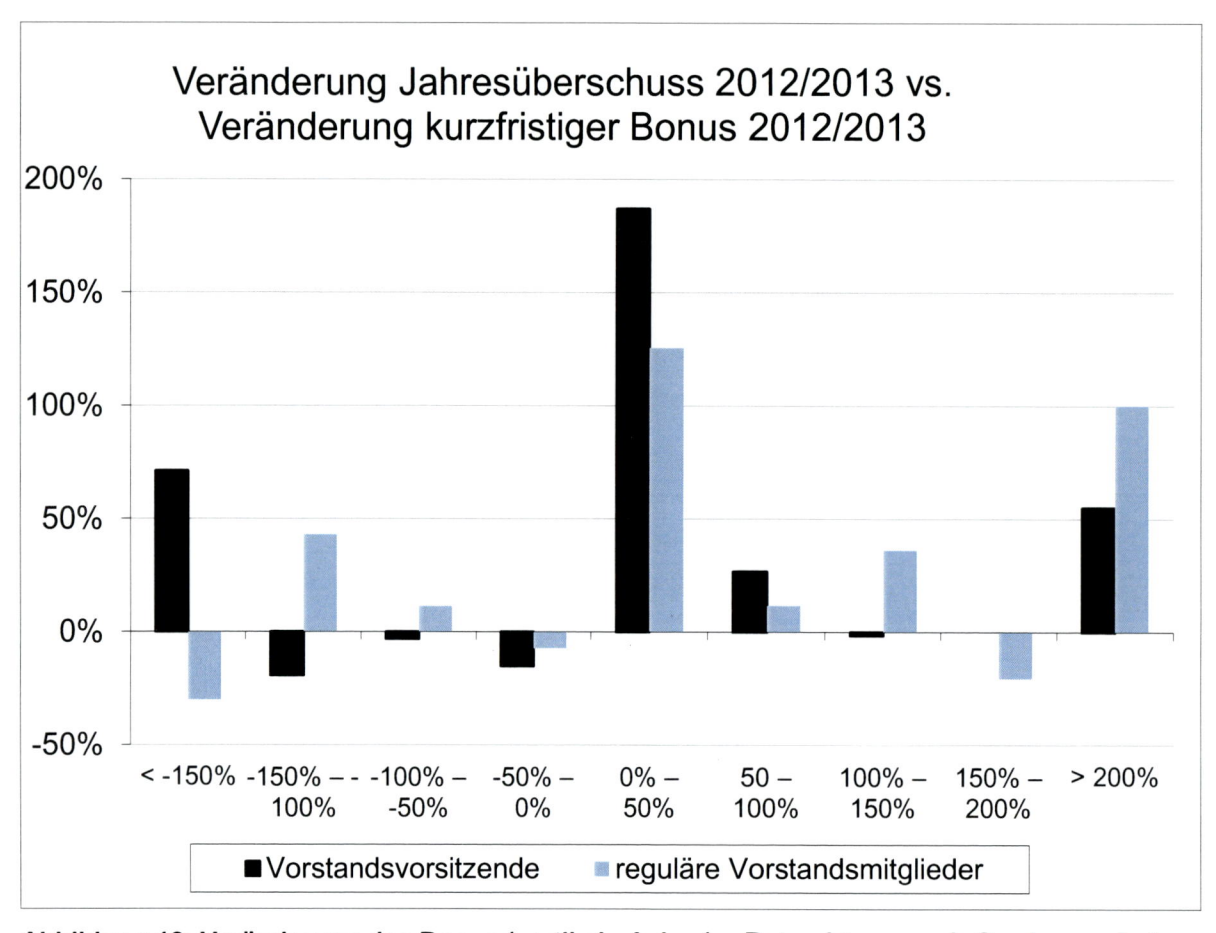

VI. Vorstandsvergütung und Unternehmenserfolg

Abbildung 18: Veränderung des Bonus (vertikale Achse) – Betrachtung nach Gewinnwachstum

## 3.3. Eigenkapitalrendite

| Veränderung EKR | n | Veränderung Fixum | Veränderung Kurzfr. Bonus | Veränderung Langfr. Bonus | Veränderung Aktienb. Vergütung | Veränderung Gesamt |
|---|---|---|---|---|---|---|
| ≤ -0,2 | 20 | 7,8% | 9,8% | -17,1% | -14,5% | -3,1% |
| -0,2 – -0,1 | 20 | 12,0% | 23,4% | -21,8% | -49,8% | -81,3% |
| -0,1 – -0,05 | 24 | 2,2% | -15,8% | -17,5% | 64,3% | -2,0% |
| -0,05 – 0 | 56 | 3,5% | 2,8% | -23,1% | 23,8% | 2,9% |
| 0 – 0,05 | 54 | 0,4% | 17,0% | -111,7% | 79,8% | 6,9% |
| 0,05 – 0,1 | 8 | -2,6% | 998,1% | 160,7% | 45,3% | 22,9% |
| 0,1 – 0,2 | 9 | 16,2% | 5,0% | -0,5% | 21,1% | 18,5% |
| 0,2 – 0,3 | 6 | 5,8% | 33,0% | 168,7% | -6,1% | 60,2% |
| > 0,3 | 10 | -7,8% | 98,7% | -61,7% | -36,1% | 4,0% |
| *Gesamt* | 207 | 3,6% | 49,0% | -41,9% | 31,2% | -2,2% |

EKR = Veränderung der Eigenkapitalrendite (absolut)
n = Anzahl der ausgewerteten Vergütungsberichte
Fixum = Festgehalt, einschließlich der Nebenleistungen (mittlere Veränderung in %)
Bonus = Erfolgsabhängige Bonusgewährungen (mittlere Veränderung in %)
Aktienb. Vergütung = Durchschnittliche am Aktienkurs orientierte erfolgsabhängige Vergütung (mittlere Veränderung in %)

**Tabelle 48: Zuwachs einzelner Vergütungsbestandteile in Prozent, reguläre Vorstandsmitglieder – nach Veränderung der Eigenkapitalrendite**

## VI. Vorstandsvergütung und Unternehmenserfolg

| Veränderung EKR | n | Veränderung Fixum CEO | Veränderung kurzfr. Bonus CEO | Veränderung langfr. Bonus CEO | Veränderung Aktienb. Vergütung CEO | Veränderung Gesamt CEO |
|---|---|---|---|---|---|---|
| ≤ -0,2 | 24 | 8,6% | -8,4% | -37,3% | -17,5% | 0,6% |
| -0,2 – -0,1 | 20 | 12,6% | -15,6% | -21,6% | -36,0% | -5,2% |
| -0,1 – -0,05 | 25 | 4,7% | -0,3% | -7,5% | -4,2% | -1,3% |
| -0,05 – 0 | 58 | 1,9% | -1,8% | -31,0% | 16,9% | -0,6% |
| 0 – 0,05 | 57 | 6,8% | 16,8% | -15,8% | 43,5% | 15,2% |
| 0,05 – 0,1 | 8 | 67,9% | 2065,6% | -22,3% | 36,2% | 121,6% |
| 0,1 – 0,2 | 10 | 15,3% | 14,4% | 0,0% | 4,0% | 18,0% |
| 0,2 – 0,3 | 6 | -1,5% | -10,7% | -100,0% | 9,2% | 6,2% |
| > 0,3 | 11 | -17,0% | 7,3% | -34,4% | -67,2% | -17,8% |
| Gesamt | 219 | 7,2% | 78,1% | -22,6% | 10,7% | 7,8% |

| | |
|---|---|
| EKR = | Veränderung der Eigenkapitalrendite (absolut) |
| n = | Anzahl der ausgewerteten Vergütungsberichte |
| Fixum = | Festgehalt, einschließlich der Nebenleistungen (mittlere Veränderung in %) |
| Bonus = | Erfolgsabhängige Bonusgewährungen (mittlere Veränderung in %) |
| Aktienb. Vergütung = | Durchschnittliche am Aktienkurs orientierte erfolgsabhängige Vergütung (mittlere Veränderung in %) |

**Tabelle 49: Zuwachs einzelner Vergütungsbestandteile in Prozent, Vorstandsvorsitzende – nach Veränderung der Eigenkapitalrendite**

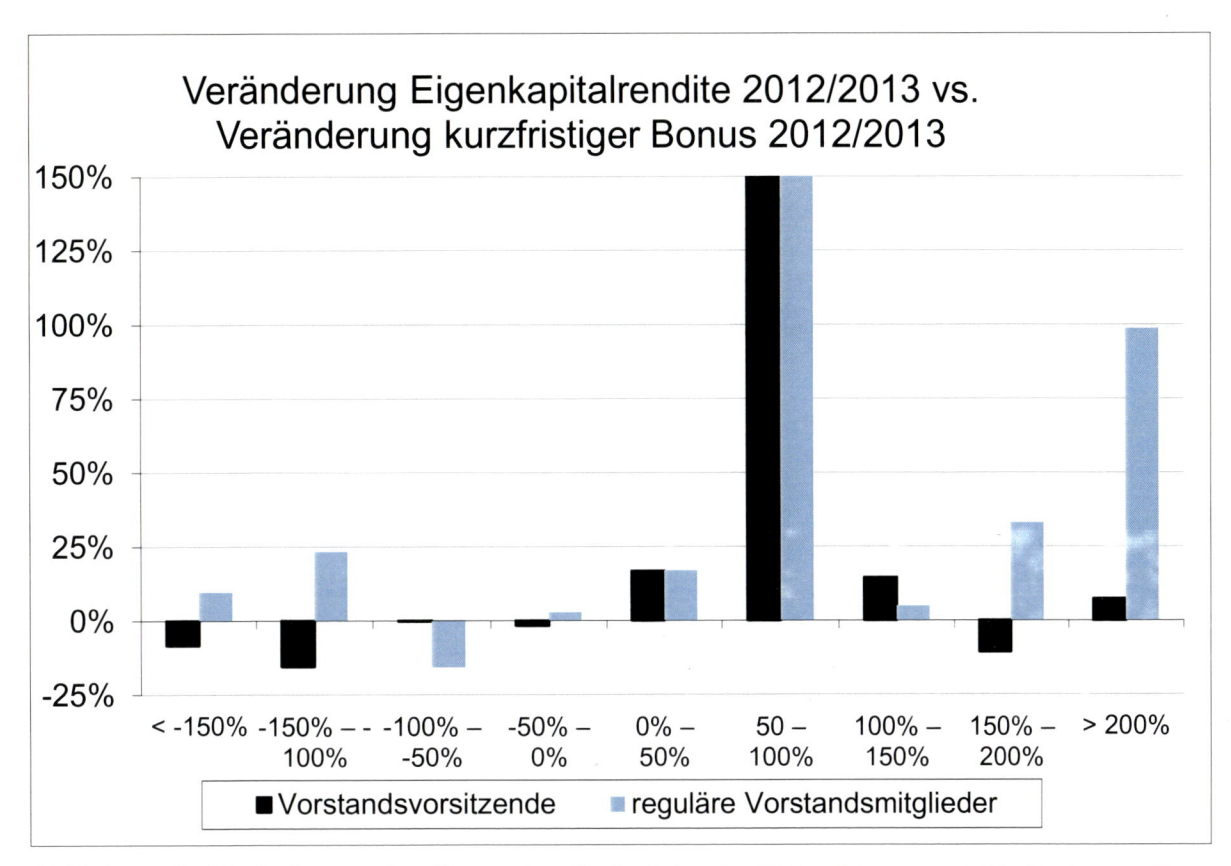

## VI. Vorstandsvergütung und Unternehmenserfolg

**Abbildung 19: Veränderung des Bonus (vertikale Achse) – Betrachtung nach Veränderung der Eigenkapitalrendite**

## 3.4. Aktienrendite

| Veränderung Aktienrendite | n | Veränderung Fixum | Veränderung kurzfr. Bonus | Veränderung langfr. Bonus | Veränderung Aktienb. Vergütung | Veränderung Gesamt |
|---|---|---|---|---|---|---|
| ≤ -0,9 | 4 | 10,1% | 36,1% | -71,3% | 50,8% | 2,1% |
| -0,9 – -0,6 | 10 | 10,9% | -32,9% | -49,1% | -11,7% | -11,2% |
| -0,6 – -0,3 | 21 | 9,8% | 21,7% | -2,4% | -9,7% | 9,9% |
| -0,3 – 0 | 52 | 0,7% | -3,0% | -11,0% | 71,6% | -2,9% |
| 0 – 0,3 | 55 | 6,1% | 18,8% | 4,8% | 49,7% | 10,7% |
| 0,3 – 0,6 | 23 | 6,9% | 28,2% | 2,2% | 38,1% | 12,0% |
| 0,6 – 0,9 | 15 | -1,1% | 453,9% | -29,3% | -1,3% | 21,3% |
| 0,9 – 1,2 | 5 | 11,8% | 36,9% | -494,9% | -100,0% | 19,2% |
| > 1,2 | 7 | -14,5% | 87,5% | -67,9% | -25,5% | -8,3% |
| Gesamt | 207 | 3,6% | 49,0% | -41,9% | 31,2% | -2,2% |

Aktienrendite = Veränderung der Aktienrendite (absolut)
n = Anzahl der ausgewerteten Vergütungsberichte
Fixum = Festgehalt, einschließlich der Nebenleistungen (mittlere Veränderung in %)
Bonus = Erfolgsabhängige Bonusgewährungen (mittlere Veränderung in %)
Aktienb. Vergütung = Durchschnittliche am Aktienkurs orientierte erfolgsabhängige Vergütung (mittlere Veränderung in %)

**Tabelle 50: Zuwachs einzelner Vergütungsbestandteile in Prozent, reguläre Vorstandsmitglieder – nach Veränderung der Aktienrendite**

# VI. Vorstandsvergütung und Unternehmenserfolg

| Veränderung Aktienrendite | n | Veränderung Fixum CEO | Veränderung kurzfr. Bonus CEO | Veränderung langfr. Bonus CEO | Veränderung Aktienb. Vergütung CEO | Veränderung Gesamt CEO |
|---|---|---|---|---|---|---|
| ≤ -0,9 | 4 | 11,1% | -56,8% | -77,0% | 7,3% | -12,0% |
| -0,9 – -0,6 | 10 | 6,5% | -32,6% | -47,8% | -16,2% | -11,7% |
| -0,6 – -0,3 | 22 | -0,1% | 4,3% | 12,1% | 15,4% | -2,4% |
| -0,3 – 0 | 55 | 2,2% | -3,8% | -14,3% | 1,0% | -2,0% |
| 0 – 0,3 | 58 | 10,1% | 52,8% | 10,8% | 35,7% | 19,4% |
| 0,3 – 0,6 | 25 | 15,9% | 25,8% | 5,3% | 39,1% | 16,1% |
| 0,6 – 0,9 | 15 | 2,0% | 831,7% | -33,3% | -15,6% | 5,3% |
| 0,9 – 1,2 | 6 | -0,2% | 179,8% | -243,6% | -100,0% | 16,1% |
| > 1,2 | 7 | 15,8% | -12,8% | -57,0% | 11,5% | 15,9% |
| *Gesamt* | 219 | 7,2% | 78,1% | -22,6% | 10,7% | 7,8% |

Aktienrendite = Veränderung der Aktienrendite (absolut)
n = Anzahl der ausgewerteten Vergütungsberichte
Fixum = Festgehalt, einschließlich der Nebenleistungen (mittlere Veränderung in %)
Bonus = Erfolgsabhängige Bonusgewährungen (mittlere Veränderung in %)
Aktienb. Vergütung = Durchschnittliche am Aktienkurs orientierte erfolgsabhängige Vergütung (mittlere Veränderung in %)

**Tabelle 51: Zuwachs einzelner Vergütungsbestandteile in Prozent, Vorstandsvorsitzende – nach Veränderung der Aktienrendite**

## VII. Zusammenfassung und Ausblick

Gegenstand der vorliegenden Studie war die Bestandsaufnahme der Vorstandsvergütungspraxis in deutschen börsennotierten Gesellschaften auf Grundlage der durch das VorstOG veranlassten individualisierten Vergütungspublizität. Betrachtet wurde zum einen, im Querschnitt des Berichtsjahres 2013 sowie im Zeitverlauf, die durchschnittliche Ausprägung und Variation der Vergütungskomponenten Fixgehalt, Bonus und aktienbasierte Anreizkomponenten für reguläre Vorstandsmitglieder sowie für die Vorsitzenden. Zum anderen wurde mit statistischen Analysen der Zusammenhang der Vergütungshöhe sowie der einzelnen Komponenten mit verschiedenen Erfolgs- bzw. Performancemaßen beleuchtet, um Aufschlüsse darüber zu gewinnen, inwiefern angesichts der Erfahrungen der Finanzkrise und der anschließenden Regulierung insbesondere durch das VorstAG die Vergütungspraxis dem originär ökonomischen Postulat der Erfolgsabhängigkeit folgt. Die vorliegende Untersuchung geht somit in der Breite der verfolgten Fragestellungen, im Umfang sowie im Detaillierungsgrad der ausgewerteten Daten über vergleichbare Studien für den deutschen Raum hinaus. So sollte etwa die vorgenommene Differenzierung zwischen Vorstandsvorsitzenden und regulären Vorstandsmitgliedern die Beurteilung der *Angemessenheit* von Vorstandsvergütungen im Sinne des Aktienrechts deutlich erleichtern. Die zentralen Befunde lassen sich bezugnehmend auf die in der Einleitung formulierten Untersuchungsfragen wie folgt zusammenfassen:

*Struktur und Variation der Vorstandsvergütung*

Die Betrachtung der Vorstandsentlohnung 2013 unterstreicht, dass die Vergütungspakete wie auch in den Vorjahren hinsichtlich ihrer Höhe, aber auch der relativen Gewichtung der einzelnen Komponenten in Abhängigkeit von der Unternehmensgröße bzw. der Zugehörigkeit zu einem Auswahlindex sowie der Branche erheblich variieren. Dies gilt für reguläre Vorstandsmitglieder wie auch, üblicherweise noch prononcierter, für die Vorsitzenden. Während das durchschnittliche Gehalt eines regulären Vorstandsmitglieds über die gesamte Stichprobe hinweg 2013 bei 1.022 Tsd. € liegt (Vorstandsvorsitz: 1.622 Tsd. €), beträgt es für die Unternehmen des DAX durchschnittlich 2.836 Tsd. € (Vorstandsvorsitz: 5.156 Tsd. €), für die kleineren Unternehmen jenseits der bekannten Auswahlindizes hingegen lediglich 331 Tsd. € (Vorstandsvorsitz: 472 Tsd. €). Dabei erhalten CEOs im Durchschnitt einen Gehaltszuschlag gegenüber ihren Vorstandskollegen von rund 63 %, der erneut für große Unternehmen höher ausfällt als für kleine. Im Mittel entfallen rund 42 % (42,2 % bzw. 41,5 % für Vorstandsvorsitzende) der Gesamtvergütung auf variable Komponenten; für im DAX (67,2 % / 67,3 %) oder MDAX (61,1 % / 62,5 %) notierte Unternehmen fällt dieser Anteil allerdings deutlich höher aus. Diese Größeneffekte spielen auch eine Rolle für die branchenabhängigen Unterschiede in Höhe und Zusammensetzung der Vergütungspakete. Hinzu treten verschiedene Vergütungstraditionen, die sich etwa mit Faktoren wie branchenindividueller Profitabilität, den Anforderungen an geeignete Vorstandsmitglieder und dem Risikoprofil der Branche erklären lassen und dazu führen, dass relativ stabil über die Jahre die Vergütungspakete in den Branchen Energieversorgung, Banken und Versicherungen sowie in der Automobilindustrie am üppigsten dotiert sind, während Unternehmen aus dem Software- und Technologiesektor ihre Führungskräfte deutlich zurückhaltender vergüten. Zusammenfassend ist damit eine differenzierte Vergütungspraxis der börsennotierten Großunternehmen in Deutschland festzustellen, in der erfolgsabhängige Komponenten branchenübergreifend eine wichtige Rolle spielen. Einschränkend ist allerdings zu vermerken, dass dieser Befund lediglich für einen Großteil der Unternehmen des Prime Standard gilt, da sich noch immer rund 15 % der kapitalmarktorientieren Unternehmen der ersten Reihe über einen Hauptversammlungsbeschluss von der Pflicht zur individualisierten Veröffentlichung von Vorstandsgehältern entbinden lässt, was nach wie vor als Ausdruck einer mangelnden Publizitätskultur erachtet werden mag.

*Entwicklung der Vorstandsvergütung im Zeitablauf*

Während sich die Finanzmarktkrise in deutlichen Rückgängen der Boni in den Jahren 2008 und 2009 vor allem bei großen Unternehmen niederschlug, kam es mit dem wirtschaftlichen Aufschwung in 2010 zur Trendumkehr, die seither mit markanten Steigerungen sämtlicher Vergütungskomponenten, aber vor allem der Bonuszahlungen anhält. Der Befund für 2013 zeigt, dass sich vor dem Hintergrund eines positiven Konjunkturklimas und anhaltenden Wirtschaftswachstums dieser positive Gehaltstrend fortgesetzt hat. So ist im Querschnitt über alle Branchen und Unternehmensgrößen eine geringfügige Zunahme der Gehälter regulärer Vorstandsmitglieder um rund 2,5 % festzustellen (von 1.024 auf 1.050 Tsd. €); die für die Vorstandsvorsitzenden mit gut einem Prozent unwesentlich niedriger ausfiel (von 1.678 auf 1.696 Tsd. €). Indes zeigen sich auf Branchen- bzw. Indexebene durchaus markante Unterschiede in der Gehaltsdynamik. So stagnierte die Durchschnittsvergütung für die besonders im Fokus der Öffentlichkeit stehenden Großkonzerne des DAX, während für Vorstandsmitglieder in MDAX- und TecDAX-Konzernen Zuwächse im zweistelligen Prozentbereich zu beobachten waren (rund 13 % bzw. 15 %). Die Branchenbetrachtung offenbart markante Zuwächse in der Automobilindustrie, im Banken- und Versicherungsbereich, bei Unternehmen der Medienbranche sowie im Bereich Transport und Logistik. Demgegenüber waren empfindliche Rückgänge der Vergütungssummen zu beobachten in der Grundstoffeindustrie, im Chemiesektor sowie bei den Versorgungsunternehmen. Wie auch in den Vorjahren wurden und werden diese Veränderungen vor allem durch Schwankungen bei den erfolgsabhängigen Vergütungskomponenten getrieben und reflektieren insofern vor allem branchenkonjunkturelle Einflüsse.

*Vorstandsvergütung und Unternehmenserfolg*

Die nähere Betrachtung der Erfolgsabhängigkeit der Vergütungspraxis zeigt erneut branchen- und unternehmensspezifische Abweichungen in der Verzahnung von Performance-Maßen und erfolgsabhängigen Vergütungsbestandteilen. Die Analyse belegt für reguläre Vorstandsmitglieder wie für Vorstandsvorsitzende über die Jahre hinweg einen markanten Zusammenhang der Höhe des Jahresbonus mit Maßstäben des Unternehmenserfolgs aus der Rechnungslegung, dem Jahresüberschuss und der Eigenkapitalrendite. Der Zusammenhang zur Aktienrendite ist im Vergleich nicht stark ausgeprägt.

Zusammenfassend ist festzustellen, dass, noch anders als 2011, der Aufwärtstrend der Vergütung von Führungskräften in börsennotierten Kapitalgesellschaften abgeflacht ist. Indes findet die Dynamik der Vorjahre auf Branchenebene ihre Fortsetzung. Das Vorstandsvergütungsangemessenheitsgesetz hat deutliche Spuren in den Vergütungsstrukturen hinterlassen und Trends insbesondere in der Zusammensetzung der Vergütungspakete gesetzt, mit der weiter zunehmenden Ausrichtung auf langfristige Erfolgsziele. So schreitet der Umbau der Vergütungssysteme, die Anpassung an das geänderte gesetzliche Umfeld, weiter voran. Ungemindert bleibt hierbei der Druck auf Aufsichtsräte, die sich im Spannungsfeld von interpretations- und auslegungsbedürftigen gesetzlichen Vorgaben einerseits und öffentlichem Druck vonseiten der Medien und Aktionärsschützern andererseits auf das originäre Ansinnen der Managervergütung, nachhaltigen Unternehmenserfolg und Wertschöpfung zu unterstützen, besinnen müssen.

# VIII. Literaturverzeichnis

Alissa, Walid M. (2009): Boards' Response to Shareholders' Dissatisfaction: The Case of Shareholders' Say on Pay in the UK, Working Paper 2009.

Andres, Christian/Theissen, Erik (2007): Eine empirische Untersuchung der individualisierten Veröffentlichung der Vorstandsvergütung, in: Die Betriebswirtschaft, 67. Jg. (2007), S. 167-178.

Archer, Edward C. (2005): Director Pay: Taking the Lead, in: The Corporate Governance Advisor, Vol. 13, No. 5 (September/October 2005), S. 1-8.

Ballwieser, Wolfgang: Adolf Moxter und der Shareholder Value Ansatz, in: Ballwieser, Wolfgang/Böcking, Hans-Joachim/Drukarczyk, Jochen/Schmidt, Reinhardt H. (1994) (Hrsg.): Bilanzrecht und Kapitalmarkt, Festschrift für Adolf Moxter, Düsseldorf 1994,S. 1377-1405.

Bebchuk, Lucian A./Cremers, Martijn/Peyer, Urs (2006): Pay Distribution in the Top Executive Team, Working Paper, Harvard Law School, October 2006.

Bebchuk, Lucian A./Fried, Jessie M. (2003): Executive Compensation as an Agency Problem, in: Journal of Economic Perspectives, Vol. 17 (2003), S. 71-92.

Berle, Adolf A./Means, Gardiner C. (1950): The Modern Corporation and Private Property, New York, 17th printing, 1950 (1. Aufl. 1932).

Bizjak, John M./Lemmon, Michael L./Naveen, Lalitha (2008): Does the use of peer groups contribute to higher pay and less efficient compensation?, in: Journal of Financial Economics, Vol. 90 (2008), S. 152-168.

Bolton, Patrick/Sheinkman, José/Xiong, Wei (2006): Executive Compensation and Short-Termist Behaviour in Speculative Markets, in: Review of Economic Studies, Vol. 73 (2006), S. 577-610.

Bowlin, Kendall O./Christ, Margaret H./Griffin, Jeremy B.: (2010): Say-on-Pay and the Differential Effects of Voluntary Versus Mandatory Regimes on Investor Perceptions and Behavior, Working Paper 2010.

Conyon, Martin J. (1997): Corporate Governance and executive compensation, in: International Journal of Industrial Organization, Vol. 15 (1997), S. 493-509.

Crespi-Cladera, Rafel/Gispert, Carles (2003): Total Board Compensation, Governance and Performance of Spanish Listed Companies, in: LABOUR: Review of Labour Economics and Industrial Relations, Vol. 17 (2003), S. 103-126.

Dauner-Lieb, Barbara/Preen, Alexander von/Simon, Stefan (2010): Das VorstAG – Ein Schritt auf dem Weg zum board-System? – Thesen zu einem aktienrechtskonformen Verständnis des VorstAG -, in: Der Betrieb, 63. Jg. (2010), S. 377-383.

Deilmann, Barbara/Otte, Sabine (2010): „Say on Pay" – erste Erfahrungen der Hauptversammlungspraxis, in: Der Betrieb, 63. Jg. (2010), S. 545-547.

Döll, Matthias (2009): Say on Pay: ein Blick ins Ausland und auf die neue deutsche Regelung, Working Paper 2009.

Drefahl, Christian (2014): Die Begrenzung der variablen Vorstandsbezüge – Ein Beitrag zu den aktuellen Cap-Regelungen nach Aktienrecht und DCGK, in: Board - Zeitschrift für Aufsichtsräte in Deutschland, 4. Jg. 2014, S. 7-11.

Drefahl, Christian (2013): Die Marktüblichkeit der Vorstandsvergütung – Zur Bedeutung des vertikalen Vergleichs, in: Board - Zeitschrift für Aufsichtsräte in Deutschland, 3. Jg. 2013, S. 111-115.

Drefahl, Christian/Pelger, Christoph (2013): „Say on Pay" – Einflussfaktoren auf Abstimmungsmöglichkeit und -ergebnisse über Vorstandsvergütungssysteme deutscher Unternehmen, in: Betriebswirtschaftliche Forschung und Praxis, 65. Jg. (2013), S. 444-465.

Fama, Eugene F./Jensen, Michael C. (1983): Separation of Ownership and Control, in: Journal of Law and Economics, Vol. 26 (1983), S. 301-325.

Falkenhausen, Joachim Freiherr von/Kocher, Dirk (2010): Erste Erfahrungen mit dem Vergütungsvotum der Hauptversammlung: Empirische Untersuchung und rechtliche Überlegungen, in: Die Aktiengesellschaft, 55. Jg. (2010), S. 623-629.

Faulkender, Michael W./Yang, Jun (2010): Inside the Black Box: The Role and Composition of Compensation Peer Groups, in: Journal of Financial Economics, Vol. 96 Issue 2 (2010), S. 257-270.

Fleischer, Holger (2005): Das Vorstandsvergütungs-Offenlegungsgesetz, in: Der Betrieb, 58. Jg. (2005), S. 1611-1617.

Fleischer, Holger/Bedkowski, Dorothea (2009): „Say on Pay" im deutschen Aktienrecht: Das neue Vergütungsvotum der Hauptversammlung nach § 120 Abs. 4 AktG, in: Die Aktiengesellschaft, 54. Jg. (2009), S. 677-686.

Gong, Guojin/Li, Laura/Shin, Jae Y. (2011): Relative performance evaluation and related peer groups in executive compensation contracts, in: The Accounting Review, Vol. 86 No. 3 (2011), S. 1007-1043.

Göx, Robert F./Heller, Uwe (2008): Risiken und Nebenwirkungen der Offenlegungspflicht von Vorstandsbezügen: Individual- vs. Kollektivausweis, in: Zeitschrift für betriebswirtschaftliche Forschung, 60. Jg. (2008), S. 98-123.

Habersack, Mathias (2010): VorstAG und mitbestimmte GmbH – eine unglückliche Beziehung!, in: Zeitschrift für Handelsrecht, 174. Jg. (2010), S. 2-11.

Hennke, Peter/Fett, Torsten (2007): Vorstandsvergütungs-Offenlegungsgesetz: erste Praxiserfahrungen und Stellungnahmen zu E-DRS 22, in: Betriebs-Berater, 62. Jg. (2007), S. 1267-1273.

Hitz, Jörg-Markus/Müller-Bloch, Stephanie (2013): Market Reactions to the Regulation of Executive Compensation, unveröffentlichtes Arbeitspapier, Georg-August-Universität Göttingen.

Hitz, Jörg-Markus/Werner, Jörg Richard (2010): Why do Firms Resist Individualized Disclosure of Management Remuneration? Working Paper, abzurufen unter: www.ssrn.com.

Hohaus, Benedikt/Weber, Christoph (2009): Die Angemessenheit der Vorstandsvergütung gem. § 87 AktG nach dem VorstAG, in: Der Betrieb, 62. Jg. (2009), S. 1515-1520.

Inwinkl, Petra/Schneider, Georg (2009): Überblick über das neue Gesetz zur Angemessenheit der Vorstandsvergütung (VorstAG), in: Die Wirtschaftsprüfung, 62. Jg. (2009), S. 971-979.

Iyengar, Raghavan J./Williams, H. James/Zampelli, Ernest M. (2005): Sensitivity of Executive Pay to Accounting Performance Measures in All-Equity Firms, in: Accounting and Finance, Vol. 45, No. 4 (December 2005), S. 577-595.

Jensen, Michael/Murphy, Kevin J./Wruck, Eric G. (2004): Remuneration: Where We've Been, How We Got to Here, What are the Problems, and How to Fix Them, ECGI – Finance Working Paper No. 44/2004.

Jensen, Michael C./Meckling, William H.(1976): Theory of the Firm: Managerial Behavior, Agency Costs and Ownership Structure, in: The Journal of Financial Economics, Vol. 3 (1976), S. 305-360.

Jensen, Michael C./Murphy, Kevin J. (1990): CEO Incentives: It's Not How Much You Pay, But How, in: Harvard Business Review, No. 3 (May-June 1990), S. 138-153.

Ke, Bin/Petroni, Kathy R./Safieddine, Assem (1999): Ownership Concentration and Sensitivity of Executive Pay to Accounting Measures: Evidence from Publicly and Privately-Held Insurance Companies, in: Journal of Accounting and Economics, Vol. 28 (December 1999), No. 2.

Kuhner, Christoph (2004): Unternehmensinteresse vs. Shareholder Value als Leitmaxime kapitalmarktorientierter Aktiengesellschaften, in: Zeitschrift für Unternehmens- und Gesellschaftsrecht, 33. Jg. (2004), S. 244-279.

Laing, David/Weir, Charlie (1999): Corporate performance and the influence of human capital characteristics on executive compensation in the UK, in: Personnel Review, Vol. 28, Nr. 1/2 (1999), S. 28-40.

Lee, Kin W./Lev, Baruch/Yeo, Gillian (2005): Executive Pay Dispersion, Corporate Governance and Firm Performance, in: Review of Quantitative Finance and Accounting, Vol. 30 (April 2008), S. 315-338.

Lingemann, Stefan (2009): Angemessenheit der Vorstandsvergütung – Das VorstAG ist in Kraft, in: Betriebs-Berater, 64. Jg. (2009), S. 1918-1924.

Macho-Stadler, Inés/Pérez-Castrillo, J. David (2001): An Introduction to the Economics of Information, 2. Aufl. Oxford 2001.

Main, Brian G. M./Bruce, Alistair/Buck, Trevor (1996): Total Board Remuneration and Company Performance, in: The Economic Journal, Vol. 106 (November 1996), S. 1627-1644.

Maug, Ernst/Albrecht, Bernd (2011): Struktur und Höhe der Vorstandsvergütung: Fakten und Mythen, in: ZfbF, Schmalenbachs Zeitschrift für betriebswirtschaftliche Forschung, 63. Jg. (2011), S.858-881.

McKnight, Phillip J./Tomkins, Cyril (1999): Top Executive Pay in the United Kingdom: A Corporate Governance Dilemma, in: International Journal of the Economics of Business, Vol. 6 (1999), No. 2, S. 223-243.

McKnight, Phillip J./Tomkins, Cyril/Weir, Charlie/Hobson, David (2000): CEO Age and Top Executive Pay: A UK Empirical Study, in: Journal of Management and Governance, Vol. 4 (2000), S. 173-187.

Menke, Rainard/Porsch, Winfried (2004): Verfassungs- und europarechtliche Grenzen eines Gesetzes zur individualisierten Zwangsoffenlegung der Vergütung der Vorstandsmitglieder, in: Betriebsberater, Heft 47, Spezial 5/04 (2004), S. 2533-2537.

Ortitz-Molina, Hernan (2007): Executive Compensation and Capital Structure: The Effects of Convertible Debt and Straight Debt on CEO Pay, in: Journal of Accounting and Economics, Vol. 43 (2007), S. 69-93.

Rappaport, Alfred (1995): Creating Shareholder Value, New York 1986, deutsche Ausgabe: Stuttgart 1995.

Roulstone, Darren T. (2003): The Relation Between Insider-Trading Restrictions and Executive Compensation, in: Journal of Accounting Research, Vol. 41 (June 2003), No. 3, S. 525-551.

Smith, Adam (1976): The Wealth of Nations, Vol. II, Neuausgabe Glasgow 1976 (Erstausgabe London 1776), S. 741.

Stewart, G. B. (1991): The Quest for Value: A Guide for Senior Managers, New York 1991.

Suchan, Stefan/Winter, Stefan (2009): Rechtliche und betriebswirtschaftliche Überlegungen zur Festsetzung angemessener Vorstandsbezüge nach Inkrafttreten des VorstAG, in: Der Betrieb, 62. Jg. (2009), S. 2531-2539.

Thüsing, Gregor (2009): Das Gesetz der Angemessenheit der Vorstandsvergütung, in: Die Aktiengesellschaft, 54. Jg. (2009), S. 517-529.

Wagner, Jens (2010): Nachhaltige Unternehmensentwicklung als Ziel der Vorstandsvergütung: eine Annäherung an den Nachhaltigkeitsbegriff in § 87 Abs. 1 AktG, in: Die Aktiengesellschaft, 55. Jg. (2010), S. 774-779.